Sarah Oberndorfer - Feb.2017 v. Anita

CUP CAKES

KREATIVE MINITÖRTCHEN UND MUFFINS

INHALT

VORWORT

Cupcakes, Muffins und andere Törtchen sind pures Vergnügen – vom Backen und Dekorieren bis hin zum Genuss. Besonders die hübsch verzierten Cupcakes sind ein kleines Stück Kunst. Sie wollen nicht nur den Gaumen begeistern, sondern auch alle anderen Sinne beglücken – die Augen beim Anblick all der hübschen Kreationen in Verzückung versetzen, die Leidenschaft wecken ob der unendlichen Gestaltungsmöglichkeiten, sodass die Hände kaum noch still halten können und mit dem Backen und Verzieren sofort loslegen möchten. Dass Cupcakes und anderes Mini-Gebäck derart beliebt sind, liegt aber nicht allein daran, dass man hierbei all seiner Kreativität freien Lauf lassen kann, sondern wohl vor allem auch daran, dass sie sich perfekt als süße Geschenke, als kleine Naschereien zwischendurch oder als dekoratives Highlight beim Dessert oder auf dem Kuchenbüfett eignen. Sie haben eine handliche Größe, sind nicht so üppig wie ein Stück Torte und aufregender als ein herkömmlicher Kuchen – der perfekte Mix also aus Abwechslung und Geschmack. Und genau das ist wohl auch der Grund, weshalb Cupcakes und Co. unsere Herzen und Gaumen im Sturm erobert und gleichzeitig eine unbeschreibliche Trendwelle ausgelöst haben. Inzwischen sind sie die Must-haves unter den Gebäckstücken und haben bei einer ganzen Generation die Lust aufs Backen wiedererweckt. Galt die selbst gemachte Kuchenkunst vor einigen Jahren noch als verstaubtes Relikt aus Omas Zeiten, ist das Backen von Cupcakes und anderen Törtchen einer der modernsten Küchentrends überhaupt. Und dem können auch wir nicht widerstehen! Auf den folgenden Seiten sind daher die besten Tricks, Rezepte und Ideen für die verschiedensten und köstlichsten Cupcakes gesammelt. Viel Spaß beim Backen!

Einleitung

Cupcakes, Muffins, Tarteletten ... – bei der Vielfalt der kleinen Kuchen kann man schnell einmal den Überblick verlieren. Vor allem Cupcakes und Muffins sind ein noch nicht allzu lange bekannter Backtrend. Erfahren Sie daher im Folgenden, was es mit den Mini-Törtchen auf sich hat, wie der perfekte Teig gelingt, wie Sie Ihre Kreationen effektvoll dekorieren und wie Sie sie am besten aufbewahren.

Das Kult-Küchlein aus New York

Cupcakes sind die Stars der Kuchenszene. Der Geburtsort des Trendgebäcks, so sind sich Fans und sogar Sozialforscher einig, ist die „Magnolia Bakery" in New York. Die kleine Bäckerei liegt im Stadtteil West Village und begann im Herbst 1996, aufwendig verzierte Cupcakes zu verkaufen. Hergestellt wurden die kleinen Küchlein aus Teigresten von Geburtstagstorten. Durch die liebevolle Dekoration und kreativen Designs, die sich die „Magnolia Bakery" für ihre Cupcakes ausdachte, wurden nicht nur die New Yorker, sondern nach und nach auch die Presse auf die kleinen Kuchen aufmerksam. Die New York Times betitelte die kleine Bäckerei sogar einmal das neue „In-Lokal" New Yorks.

Doch trotz des neuen Ruhms erlebten die hübschen Küchlein ihren eigentlichen Durchbruch erst etwa ein Jahr später mit ihrem „Auftritt" in der Kultserie „Sex and the City". Genau ab diesem Moment eroberten die kleinen Küchlein mit der sahnigen Krone die Herzen und Gaumen einer ganzen Generation im Sturm und der Umsatz der „Magnolia Bakery" stieg nach Ausstrahlung der Sendung enorm in die Höhe. Jennifer Appel, eine der Gründerinnen der berühmten Bäckerei, berichtete, dass sich seit „Sex and the City" nicht nur der Umsatz, sondern vor allem auch die Kundschaft deutlich verändert hat. Es sind nun vor allem junge, sehr schlanke, modebewusste Frauen, die die kleinen Törtchen vernaschen. Teilweise standen die

Damen stundenlang Schlange, um ein kleines Gebäck mit Sahnehaube zu ergattern, das über Nacht einen ähnlichen Kultstatus bekommen hatte wie eine It-Bag. Dieser süße Boom blieb auch bei Sozialforschern nicht unbemerkt. Eine kalifornische Universität beschäftigte sich mit dem Cupcake-Trend und erklärte ihn mit dem gesellschaftlichen Wunsch nach Einfachheit, Geborgenheit und Kindlichkeit. In einer so pulsierenden Stadt wie New York und zu einer Zeit, in der auch das Leben immer schneller läuft, ist die Sehnsucht nach behüteten Strukturen und heimatlichen Gefühlen groß. Das süße Gebäck, das bis dahin vor allem auf Kindergeburtstagen ein Renner war, erinnerte an gute alte Zeiten und mutierte fortan zum Symbol von unkomplizierter Leichtigkeit, aber auch zum Zeichen für modisches Trendbewusstsein. Wer am Puls der Zeit lebt, backt seither keine Torten mehr, sondern entwirft kleine Kuchen mit cremiger Krone und kreativen Verzierungen.

Der Name „Cupcake"

Dabei waren die kleinen Küchlein bis dahin eigentlich kaum etwas Neues. Was wir heute unter dem Namen „Cupcake" kennen, ist ein traditionelles Gebäck aus England. Unter dem Namen „Fairy Cake" (übersetzt: Feenkuchen) hat es dort eine jahrhundertelange Tradition, die inzwischen jedoch durch die neue Trendvokabel „Cupcake" überrollt wurde. Selbst in England, dem eigentlichen Geburtsort des Küchleins mit der Cremehaube, benutzt man heute überwiegend die Bezeichnung „Cupcake". Als Fairy Cake sind die kleinen Leckereien kaum noch bekannt.
Der Begriff „Cupcake" setzt sich aus den englischen Wörtern „cup" (übersetzt: Tasse) und „cake" (übersetzt: Kuchen) zusammen. Forscher und Fans sind sich einig, dass die Wortbedeutung „Tassenkuchen" auf das ursprüngliche Grundrezept der kleinen Nascherreien zurückzuführen ist. Denn dieses setzt sich aus einer Tasse Butter oder Margarine, zwei Tassen Zucker, drei Tassen Mehl und vier Eiern zusammen. Einige vertreten jedoch die Theorie, der Tassenkuchen habe seinen Namen durch seine Zubereitungsart erhalten. Denn als es noch keine speziellen Förmchen gab, sollen Cupcakes in kleinen Teetassen gebacken worden sein. So sollen sie ihre typische Form und ihre handliche Größe erhalten haben. Doch wie dem auch sei: Für echte Fans zählt ohnehin weniger der Name als vielmehr der Genuss.

Cupcake versus Muffin

Cupcakes sind die wohl süßeste Versuchung, seit es Food-Trends gibt. Jedenfalls gilt das im übertragenen Sinne. Denn anders als viele Vorurteile behaupten, müssen die kleinen Kuchen nicht übertrieben süß sein. Diese Vermutung rührt wohl daher, dass Cupcakes um ein cremig-süßes Topping bereichert werden. Über den Grad der Süße entscheidet jedoch der Bäcker im Endeffekt selbst. Wer insgesamt weniger Zucker verwendet, backt einen Cupcake, der sogar weniger süß sein kann als ein Muffin.

Neben der Süße gibt es aber noch weitere Unterscheidungsmerkmale. Die bunten, teilweise aufwendig gespritzten und hübsch dekorierten Toppings unterscheiden den Cupcake vom schlichten Muffin. Daneben gibt es noch ein paar weitere spitzfindige Unterschiede, die jedoch oft nicht so streng differenziert werden. So gilt der Muffin beispielsweise ursprünglich als typisches Frühstücksgebäck, weshalb er bisweilen typische Frühstückszutaten wie Müsli, Nüsse oder Cornflakes enthält. Der Cupcake wird hingegen in der Regel zum Nachmittagstee oder Kaffee gereicht, weshalb er auch ohne derartige Zutaten auskommt. In der Praxis stört sich jedoch niemand daran, wenn auch Cupcakes mit Nüssen oder Müsli und Co. gebacken werden.

Unterschiedliche Teigsorten

Wesentlich strenger sind echte Cupcake-Fans hingegen bei der Unterscheidung der Teigsorten. Denn ein Muffinteig unterscheidet sich in seiner Art und Zubereitung grundlegend vom Cupcake-Teig. Während der rohe Muffinteig eher leicht klumpig ist und eine gebackene Struktur ergibt, die schwer und großporig ist, ist der Teig eines Cupcakes von vornherein flüssiger und glatter, sodass die gebackene Konsistenz luftiger, feinporiger und insgesamt leichter ist. Um diese verschiedenartigen Teigstrukturen zu erzeugen, unterscheidet sich nicht nur die Zusammensetzung der Zutaten bei Muffins und Cupcakes, sondern auch die Art der Verarbeitung. Als grobe Faustregel kann man die Menge des Mehls als Orientierungshilfe nehmen: Je mehr Mehl im Rezept vorgesehen ist, desto eher handelt es sich um einen Muffin. Und zwar auch dann, wenn der Titel des Rezepts auf etwas anderes hindeuten mag. Denn oft werden die Begrifflichkeiten nicht streng unterschieden. Ein hoher Mehlanteil lässt das Küchlein stärker aufgehen und deutet daher immer auf ein festeres, kuchenartigeres Ergebnis, also auf einen Muffinteig, hin. Das ist auch der Grund, weshalb Cupcakes mit ihrer weichen Struktur und der sahnigen Haube in die Kategorie der Torten bzw. Törtchen fallen, während Muffins eher der Rubrik Trockengebäck oder Kuchen zugeordnet werden.

Unterschiede in der Zubereitung

Bei der Verarbeitung des Teigs liegt der Unterschied zwischen Muffins und Cupcakes in der Reihenfolge der Zutatenvermengung: Beim Muffin-Backen werden die feuchten und trockenen Zutaten zuerst getrennt vermischt und anschließend kurz miteinander verrührt. Bei der Herstellung eines Cupcakes wird hingegen zunächst der Zucker mit der Butter schaumig geschlagen. Anschließend werden die Eier dazugegeben und erst zum Schluss rührt man die trockenen Zutaten unter.
Diese Unterscheidung zwischen Muffin- und Cupcake-Teig muss jedoch in der Praxis nicht überbewertet werden. Beispielsweise können auch Muffins mit einem Frosting versehen werden und so zu einer Mischform aus Muffins und Cupcakes mutieren. Wer das Gebäck etwas gröber mag, aber trotzdem nicht auf die sahnige Cremehaube verzichten möchte, ist mit dieser Kombination am besten bedient.

So gelingt der perfekte Teig

Anders als beim Kochen ist es beim Backen etwas schwieriger, auf eigene Faust zu experimentieren und das Mischverhältnis der Zutaten zu ändern. Grundsätzlich sollte man sich für ein gelungenes Ergebnis immer strikt am Rezept orientieren. Denn die Rezepte sind stets so konzipiert, dass die Verhältnisse der Zutaten perfekt aufeinander abgestimmt sind. Würde man die Mengenangaben beliebig variieren, würde der Teig vielleicht zu trocken werden oder erst gar nicht richtig aufgehen. Die einzige mögliche Variable ist die Zuckermenge. Der Zucker sollte zwar nie um mehr als 50 Prozent der angegebenen Menge reduziert werden, bis zu diesem Anteil darf jedoch nach Belieben variiert werden. Wer es sogar noch etwas süßer mag, als das Rezept es vorsieht, kann durchaus auch etwas mehr Zucker verwenden. Allerdings sind viele der hierzulande bekannten Cupcake-Rezepte aus den USA übernommen. Und in Amerika ist man dafür bekannt, dass grundsätzlich sehr süß gebacken

wird. Für den europäischen Geschmack sind die amerikanischen Zuckerangaben in den meisten Fällen zu süß und werden daher oft in Eigenregie reduziert.

Backen und Auskühlen

Hat man sich bei der Teigzubereitung genau an die Rezeptvorgaben gehalten, entscheidet nur noch der Backvorgang über das Gelingen. Hier kommt es vor allem auf die Temperatur an. Damit der Teig schön fluffig und gleichmäßig aufgehen kann, brauchen Cupcakes ordentlich Hitze. Halten Sie sich hierbei am besten an die Vorgaben des Rezepts. Achten Sie außerdem unbedingt darauf, dass der Ofen vollständig vorgeheizt ist, wenn Sie mit dem Backen beginnen. Steigt die Temperatur noch an, nachdem der Cupcake-Teig ins Backrohr geschoben wurde, kann er nicht gleichmäßig durchbacken. Im Ergebnis wird der Cupcake dann außen zu fest, während der Teig im Inneren zu feucht bleibt. Ob der Teig gleichmäßig durchgebacken und der Cupcake damit fertig ist, prüft man am besten mit der sogenannten Stäbchenprobe. Dafür steckt man einen dünnen Holzstab in die höchste Stelle des Cupcakes und zieht ihn dann vorsichtig heraus. Bleibt kein Teig mehr am Holzstäbchen haften, ist der Teig durchgebacken und damit fertig. Danach können Sie die Küchlein aus dem Ofen nehmen und zum Auskühlen auf ein Kuchengitter stellen. Da die Bleche auch nach dem Backen viel Hitze abgeben, sollten Sie die Küchlein zum Abkühlen zeitig aus der Form lösen. Denn sonst besteht die Gefahr, dass sie noch leicht nachbacken und zu trocken werden.

Topping, Frosting, Icing ...

Sie sind der Eyecatcher für die Optik und das I-Tüpfelchen für den Geschmack: Cupcakes kommen durch ihre sahnigen Krönchen überhaupt erst richtig zur Geltung. Ob in zuckerzarten Pastellfarben, kunstvoll gespritzt oder einfach nur turmhoch und süß: Der Fantasie sind bei den Sahnehauben ebenso wenig Grenzen gesetzt wie beim Geschmack, den Rezepten oder der Namensvielfalt. Ob man die kleinen Kronen nämlich als Frosting, Topping oder Icing bezeichnen möchte, ist grundsätzlich egal – gemeint ist immer das Gleiche. Bei den Rezepten ist die Auswahl nicht weniger groß. Ganz klassisch wird ein Topping zwar aus Butter und Puderzucker gemischt, aber auch Varianten, die mit Mascarpone, Sahne oder Frischkäse arbeiten, sind mittlerweile gängig. Diese Rezepte unterscheiden sich nicht unbedingt im Geschmack (ein Frosting soll im Ergebnis immer sahnig und süß schmecken), wohl aber in ihrer Konsistenz und damit in der Möglichkeit ihrer Verwendung. Ein Frosting mit Mascarpone oder Frischkäse ist grundsätzlich etwas fester und schwerer. Anders verhält es sich beim klassischen Butter-Puderzucker-Topping, das cremig und zart ist. Durch diese leichtere Struktur lassen sich mit ihm filigranere Verzierungen besser erzeugen als mit dem festen Mascarpone- oder Frischkäse-Frosting. Wer ein Frosting aus Sahne herstellt, der schafft damit eine besonders leichte, aber dennoch stabile Konsistenz. Vor allem für Toppings, die besonders hoch getürmt werden sollen, eignet sich die Sahnevariante gut.

Darüber hinaus gibt es aber noch unzählige andere Varianten, ein Frosting zuzubereiten. Vor allem Zutaten wie Erdnussbutter, Schoko-Creme, Pudding oder Fruchtpüree, die dem Frosting einen bestimmten Eigengeschmack verleihen, werden gern verwendet.

Eine Sache der Gestaltung

Weil das Auge bei Cupcakes immer mitisst, zählt bei der Zubereitung des Frostings auch das Design. Dabei ist der Fantasie keine Grenzen gesetzt. Neben Soßen aus Schokolade oder Karamell, verziert man seine Cupcakes häufig mit bunten Zuckerstreuseln oder Glitzerpartikeln. Auch das Einfärben des Frostings ist sehr beliebt. So kann man zum Beispiel seinem Topping mit Fruchtpürees eine appetitliche Farbe verleihen. Oft wird auch Lebensmittelfarbe verwendet, um dem Topping einen individuellen Look zu verpassen. Ob dabei mit flüssiger oder pulverisierter Farbe gearbeitet wird, ist eine Frage der persönlichen Vorliebe. Selbiges gilt auch für die Intensität der Farbe. Die Farbe wird umso intensiver, je mehr Lebensmittelfarbe man der Frostingmasse zugibt. Besonders modern sind derzeit mehrfarbige Frostings oder solche mit weichen Farbverläufen von hell nach dunkel. Solch farbenfrohe Kunstwerke gelingen am besten mit einem simplen Trick beim Auftragen: Dafür füllt man die verschiedenen Farbfrostings zunächst in separate Gefrierbeutel, deren Spitze man mit der Schere aufschneidet, sodass das Frosting an dieser Stelle herausgespritzt werden kann. Nun füllt man die mehrfarbig präparierten Gefrierbeutel gemeinsam in einen großen Spritzbeutel. Die aufgeschnittenen Enden liegen dabei nach unten gerichtet nebeneinander. Drückt man nun die Masse aus dem Spritzbeutel, werden die unterschiedlichen Farbtöne gemeinsam aus der Form gepresst und können so nach Belieben auf den Cupcake aufgetragen werden.

Die perfekten Tüllen

Seine dekorative Musterung und Maserung erhält das Frosting durch die Art der verwendeten Tülle. Natürlich kann man das Frosting auch einfach und schnell mit einem Messer oder Löffel auf das Gebäck auftragen. Hübscher sieht es aber in der Regel aus, wenn man eine spezielle Tülle verwendet. Eine der beliebtesten Tüllenformen ist dabei die Sterntülle. Sie eignet sich für fast alle Cremes. Diese dürfen allerdings keine allzu großen Stücke wie Nüsse oder Schokostücke enthalten, da diese in der Öffnung hängen bleiben, was ungewollte Luftlöcher in der aufgespritzten Creme entstehen lässt. Ebenfalls beliebt ist die sogenannte Rosentülle, mit der man ein Topping in Blütenform spritzen kann. Da die Tüllenöffnungen sehr fein sind, muss hierbei allerdings mit einem Topping gearbeitet werden, das fest ist und keine Stückchen von Nüssen oder Ähnlichem enthält. Die Lochtülle ist ebenfalls ein gern verwendeter Spritzaufsatz. Sie ist perfekt für Cremes geeignet, in denen stückige Zutaten wie Nüsse, Schokosplitter oder Kekskrümel verarbeitet wurden, da diese durch die große Öffnung problemlos hindurchgespritzt werden können, ohne dass die Gesamtoptik dabei unruhig wirkt.

Die richtige Spritztechnik

Neben der Tülle kommt es bei der Formvollendung des perfekten Cremehäubchens auch auf die Spritztechnik an. Achten Sie dabei auf eine ruhige, gleichmäßige Führung der Tülle. Auch der Druck auf den Spritzbeutel muss gleichbleibend sein, um ein optisch gefälliges Ergebnis zu erzielen. Versuchen Sie, dabei zwar ruhig und geduldig, aber dennoch so zügig wie möglich zu arbeiten. Denn je länger Sie den Spritzbeutel in den Händen halten, desto wärmer wird das Frosting und desto schlechter lässt es sich auftragen. Wer zu Beginn noch nicht so geübt ist und für das

Auftragen des Toppings länger braucht, kann alternativ das Frosting zwischendurch wieder in den Kühlschrank legen und abkühlen lassen.

Am besten übt man das Aufspritzen zunächst auf einem kleinen Teller, bevor man sich an das frische Gebäck wagt. Selbiges muss übrigens stets gründlich ausgekühlt sein, ehe man mit dem Topping beginnt. Denn ein noch warmer Cupcake würde das Topping zum Schmelzen bringen.

Gut gelagert, länger lecker!

Im Kühlschrank gelagert und luftdicht verpackt (am besten in einer Frischhaltebox), sind Cupcakes 7–14 Tage haltbar. Idealerweise lagert man das Frosting und das Küchlein separat. Zwar kann man auch einen Cupcake mit Topping im Kühlschrank aufbewahren, jedoch ist dann die Gefahr, dass es an der Kontaktstelle von Teig und Frosting etwas wässrig oder matschig wird, höher.

Es ist natürlich auch möglich, die süßen Leckereien einzufrieren und sie frisch aufzubacken, wenn Besuch kommt oder wenn man spontan Lust auf eine süße Sünde hat. Hierfür gibt es zwei Möglichkeiten. Die eine besteht darin, einfach die doppelte Menge zu backen. Während man die eine Hälfte, die für den Sofortverzehr bestimmt ist, genau nach Rezept backt, verringert man bei der Hälfte, die aufbewahrt werden soll, die Backzeit um circa fünf Minuten. Die Teiglinge werden nach dem Auskühlen in Gefrierbeutel gegeben, fest verschlossen und eingefroren. Bekommt man dann überraschend Besuch, kann man die eingefrorenen Küchlein bei 200 °C (Umluft: 180 °C) unaufgetaut fünf Minuten in den Ofen geben und aufbacken.

Eine andere Möglichkeit ist es, den noch rohen Teig einzufrieren. Dafür bereitet man den Teig zunächst nach Rezeptvorgabe zu, gibt ihn anschließend in ein Muffinblech und stellt es ca. 10–15 Minuten in den Gefrierschrank. Danach lässt man die Rohlinge leicht antauen, löst sie aus den Muffinmulden und verpackt sie zum Einfrieren einzeln in Gefrierbeutel. Bei Bedarf holt man die Teigrohlinge heraus, lässt sie vollständig auftauen und backt sie nach Rezeptvorgabe. Doch nicht vergessen: Für beide Varianten des Einfrierens muss das Frosting frisch zubereitet werden. Denn eingefrorenes Frosting wird nach dem Auftauen oft zu wässrig.

Klassisch & fein

ROSEN-CUPCAKES

Zutaten für 12 Stück

*220 g weiche Butter, 160 g Zucker, 1 ½ TL Vanillezucker, Salz, 1 Ei,
1 TL Backpulver, 160 g Mehl, 185 ml Milch, 150 g Himbeeren, 1 Vanilleschote,
375 g Puderzucker, 12 Marzipanrosen, rosa Zuckerstreusel*

Zubereitungszeit *ca. 50 Min.*

1. Backofen auf 180 °C (Umluft: 160 °C) vorheizen. 60 Gramm Butter so lange mit dem Handrührgerät aufschlagen, bis sich kleine Spitzen bilden. Zucker, Vanillezucker und 1 Prise Salz zugeben und alles vermischen. Ei zufügen und so lange rühren, bis eine helle, schaumige Masse entsteht. Backpulver und Mehl vermischen, sieben und abwechselnd mit 125 Milli-litern Milch unter die Teigmasse rühren. Himbeeren unterheben.

2. Mulden eines Muffinblechs mit Papierbackförmchen auslegen. Teig gleichmäßig in den Muffinmulden verteilen. Im vorgeheizten Backofen ca. 20–25 Minuten backen. Muffins aus dem Ofen nehmen und ca. 5 Minuten im Muffinblech abkühlen lassen. Aus den Mulden lösen und vollständig auf einem Kuchengitter auskühlen lassen.

3. Vanilleschote längs aufschneiden und Mark herauskratzen. Restliche Butter, Puderzucker, Vanillemark und 1 Prise Salz mit dem Handrührgerät auf niedrigster Stufe gründlich ver-rühren. Restliche Milch langsam unter Rühren zugießen. Mixgeschwindigkeit erhöhen und so lange rühren, bis eine luftige, leichte Creme entsteht.

4. Creme in einen Spritzbeutel mit Sterntülle geben und von außen nach innen spiralförmig auf die Cupcakes auftragen. Mit Marzipanrosen und Zuckerstreuseln garnieren und servieren.

APFEL-MUFFINS

Zutaten für 24 Stück

3 Äpfel, 300 g Mehl, 1 Pck. Backpulver, Salz, 1 TL Zimt,
abgeriebene Schale von 1 unbehandelten Zitrone, 3 Eier, 150 g Zucker, 50 g Honig,
150 g Butter, 3 EL Apfelsaft, 1 EL Zitronensaft, 120 g Puderzucker

Zubereitungszeit *ca. 45 Min.*

1. Backofen auf 200 °C (Umluft: 180 °C) vorheizen. Äpfel schälen, vom Kerngehäuse
befreien und grob reiben. Mehl, Backpulver, 1 Prise Salz, Zimt und Zitronenabrieb mischen.
Eier, Zucker, Honig und Butter zugeben und alles mit den Quirlen des Handrührgeräts zu
einem geschmeidigen Teig verrühren. Äpfel unterheben.

2. Muffinblech mit Papierbackförmchen auslegen und mit je 1 Esslöffel Teig füllen. Im vorgeheizten Backofen ca. 25 Minuten backen. Muffins auf einem Kuchengitter ein wenig abkühlen
lassen.

3. Apfelsaft und Zitronensaft in eine kleine Schüssel geben und Puderzucker löffelweise
mit dem Schneebesen einrühren. Zuckerguss auf den Muffins verteilen. Vor dem Servieren
Muffins vollständig abkühlen und Guss fest werden lassen.

MARMORKUCHEN–MUFFINS

Zutaten für 12 Stück

*200 g Margarine, 195 g Zucker, 1 Pck. Vanillezucker, Salz, 4 Eier,
1 Pck. Backpulver, 250 g Mehl, 100 g Zartbitterschokolade, 3–4 EL Milch,
15 g Kakaopulver, 1 EL Puderzucker*

Zubereitungszeit *ca. 45 Min.*

1. Backofen auf 200 °C (Umluft: 180 °C) vorheizen. Mulden eines Muffinblechs mit Papierbackförmchen auslegen. Margarine und 180 Gramm Zucker mit den Quirlen des Handrührgeräts cremig schlagen.

2. Vanillezucker und 1 Prise Salz zugeben und unterrühren. Eier einzeln zugeben und alles verrühren. Backpulver und Mehl mischen und ebenfalls gut unterrühren. Zwei Drittel des Teigs in Mulden des Muffinblechs geben.

3. Zartbitterschokolade grob hacken. Restlichen Zucker, Milch und Kakao unter den restlichen Teig rühren. Schokolade unterheben.

4. Dunklen Teig auf den hellen geben und ein Holzstäbchen vorsichtig spiralförmig durch die Teigschichten ziehen. Muffins im vorgeheizten Backofen ca. 30 Minuten backen. Muffins mit Puderzucker bestäuben und servieren.

MANDEL-MUFFINS

Zutaten für 12 Stück

3 TL Backpulver, 250 g Mehl, 1 Ei, 1 Pck. Vanillezucker, 150 g Zucker,
150 g saure Sahne, 8 EL Sonnenblumenöl, 3 Tropfen Bittermandelaroma,
100 g Mandeln (gemahlen), 1–2 EL Milch (nach Bedarf),
100 g Mandelblättchen, etwas Puderzucker zum Bestäuben

Zubereitungszeit *ca. 45 Min.*

1. Mulden eines Muffinblechs mit Papierbackförmchen auslegen. Backofen auf 180 °C (Umluft: 160 °C) vorheizen.

2. Backpulver und Mehl mischen. Ei verschlagen. Vanillezucker, Zucker, saure Sahne und Öl zugeben und alles gut vermischen. Mehlmischung nach und nach unterrühren. Mandelaroma und gemahlene Mandeln ebenfalls untermischen. Wenn nötig, Milch zugeben.

3. Teig in die Muffinmulden füllen, mit Mandelblättchen bestreuen und im vorgeheizten Backofen ca. 20–25 Minuten backen.

4. Backofen ausschalten und Muffins kurz darin ruhen lassen. Herausnehmen, mit Puderzucker bestäuben, vollständig auskühlen lassen und servieren.

Dekoration

In optischer Hinsicht darf beim Cupcake ruhig geklotzt werden. Neben dem Frosting können daher noch andere Dekoelemente das Gesamtkunstwerk abrunden. Zuckerguss oder Schokoladenüberzug, die über den Cupcake gezogen werden, verleihen dem Backwerk optisch und geschmacklich eine eigene Note. Besonders kreativ lässt sich mit Fondant arbeiten. Aus ihm können kleine Figuren und Dekoelemente geformt werden. Auch Baiser ist eine tolle Idee, um die Haube noch weiter zu verzieren und zu versüßen.

ZITRONEN-MUFFINS

Zutaten für 12 Stück

2 unbehandelte Zitronen, 100 g Puderzucker, 3 Eier, 150 g Butter, 1 Pck. Vanillezucker,
150 g Zucker, ½ Pck. Backpulver, 250 g Mehl, 150 g Sahne

Zubereitungszeit *ca. 50 Min.*

1. Backofen auf 200 °C (Umluft: 180 °C) vorheizen. Muffinblech mit Papierbackförmchen auslegen. Schale von 1 Zitrone abreiben. Zitronen auspressen. Puderzucker gut mit 2–3 Esslöffeln Zitronensaft zu einer Glasur vermischen.

2. Eier trennen. Eiweiße mit den Quirlen des Handrührgeräts steif schlagen. Butter, Vanillezucker, Zucker und Zitronenabrieb mit den Quirlen des Handrührgeräts cremig rühren. Eigelbe nach und nach zugeben und gut unterrühren. Backpulver und Mehl vermischen, sieben und abwechselnd mit restlichem Zitronensaft und Sahne zum Teig geben. Teig ca. 3 Minuten auf höchster Stufe verrühren. Eischnee vorsichtig unter den Teig heben.

3. Teig in die Muffinmulden geben und im vorgeheizten Backofen ca. 30 Minuten backen. Muffins aus dem Backofen nehmen und mit einem Holzstäbchen mehrmals einstechen. Zitronen-Zucker-Glasur darübergeben, vollständig abkühlen lassen und servieren.

VANILLE–CUPCAKES

Zutaten für 12 Stück

4 Eier, 1 Vanilleschote, 170 g weiche Butter, 150 g Zucker, 2 Pck. Vanillezucker,
175 g Mehl, 1 TL Backpulver, Salz, 150 ml Buttermilch,
70 g Puderzucker, bunte Zuckerstreusel

Zubereitungszeit *ca. 40 Min.*

1. Backofen auf 175 °C (Umluft: 155 °C) vorheizen. Mulden eines Muffinblechs mit Papierbackförmchen auslegen. 2 Eier trennen. Vanilleschote längs aufschneiden und Mark herauskratzen.

2. 100 Gramm Butter mit Zucker, 1 Päckchen Vanillezucker und Vanillemark luftig aufschlagen, Eigelbe und restliche Eier unterrühren (Eiweiße anderweitig verwenden). Mehl, Backpulver und 1 Prise Salz vermischen und abwechselnd mit der Buttermilch unter die Buttermischung rühren.

3. Teig gleichmäßig auf die Muffinmulden verteilen und im vorgeheizten Backofen ca. 20 Minuten backen. Auf einem Kuchengitter vollständig abkühlen lassen.

4. Übrige weiche Butter mit gesiebtem Puderzucker und restlichem Vanillezucker luftig aufschlagen. In einen Spritzbeutel mit großer Lochtülle geben und Cupcakes damit spiralförmig verzieren. Cupcakes mit Zuckerstreuseln bestreut servieren.

SCHOKOLADEN-CUPCAKES

Zutaten für 12 Stück

150 g Zartbitterschokolade, 325 g Butter, 100 g Zucker, 2 Eier, 100 g Kirschmarmelade, Salz, 150 g Mehl, 1 TL Backpulver, 225 g Frischkäse, 125 g Puderzucker, 1 TL Vanillezucker, blaue Lebensmittelfarbe, weiße Zuckerperlen, 12 gestreifte Waffelröllchen

Zubereitungszeit *ca. 55 Min.*

1. Backofen auf 180 °C (Umluft: 160 °C) vorheizen. Mulden eines Muffinblechs mit Papier-backförmchen auslegen. Schokolade klein hacken. 125 Gramm Butter und Schokolade in einem Topf langsam schmelzen und leicht abkühlen lassen.

2. Schokoladen-Butter-Mischung mit Zucker, Eiern, Marmelade und 1 Prise Salz gut ver-rühren. Mehl und Backpulver zugeben und unterrühren. Teig in die Muffinmulden geben und im vorgeheizten Backofen ca. 25 Minuten backen.

3. Restliche Butter und Frischkäse cremig rühren. Gesiebten Puderzucker nach und nach einrühren. Vanillezucker und Lebensmittelfarbe ebenfalls einrühren und Creme mithilfe eines Spritzbeutels spiralförmig auf den Cupcakes verteilen. Mit Zuckerperlen und Waffelröllchen dekorieren.

AHORNSIRUP-CUPCAKES MIT WALNÜSSEN

Zutaten für 12 Stück

130 g weiche Butter, 1 Pck. Vanillezucker, 60 g brauner Zucker, 90 ml Ahornsirup,
2 Eier, 120 g Mehl, 1 TL Backpulver, Salz, 5 EL Milch, 50 g Walnusskerne (gehackt),
100 g Frischkäse, 250 g Puderzucker, 12 Walnusshälften

Zubereitungszeit *ca. 40 Min.*

1. Backofen auf 170 °C (Umluft: 150 °C) vorheizen. Mulden eines Muffinblechs mit Papierbackförmchen auslegen. 80 Gramm Butter mit Vanillezucker und Zucker cremig rühren. 60 Milliliter Ahornsirup untermischen und Eier einzeln unterrühren. Mehl mit Backpulver und 1 Prise Salz mischen und abwechselnd mit der Milch unter die Buttermischung rühren. Gehackte Walnusskerne unterheben.

2. Teig gleichmäßig in die Muffinmulden verteilen und im vorgeheizten Backofen ca. 20 Minuten backen. Auf einem Kuchengitter auskühlen lassen.

3. Frischkäse mit restlicher Butter cremig rühren und mit gesiebtem Puderzucker zu einer glatten Masse vermengen. Restlichen Ahornsirup untermischen. Alles in einen Spritzbeutel mit Lochtülle füllen und Cupcakes damit verzieren. Mit je einer Walnusshälfte garnieren.

ZITRONENTÖRTCHEN

Zutaten für 12 Stück

50 g Puderzucker, 350 g Butter, Salz, 6 Eier,
275 g Mehl und etwas Mehl für die Arbeitsfläche, etwas Fett für die Förmchen,
Hülsenfrüchte zum Blindbacken, 7 unbehandelte Zitronen, 450 g Zucker

Zubereitungszeit *ca. 1 Std. und 30 Min. + 1 Std. Kühlzeit*

1. Puderzucker, 150 Gramm Butter und 1 Prise Salz mit den Quirlen des Handrührgeräts verrühren. 1 Ei unterschlagen, Mehl zugeben und alles zu einem geschmeidigen Teig verkneten. In Frischhaltefolie gewickelt ca. 1 Stunde im Kühlschrank ruhen lassen. Backofen auf 200 °C (Umluft: 180 °C) vorheizen. Teig auf einer bemehlten Arbeitsfläche ca. 3 Millimeter dünn ausrollen. 12 Kreise von ca. 12 Zentimeter Durchmesser ausstechen.

2. 12 eingefettete Tarteletteformen (10 Zentimeter Durchmesser) mit Teig auslegen. Andrücken und mehrmals einstechen. Mit Backpapier bedecken und mit Hülsenfrüchten belegen. Im vorgeheizten Backofen ca. 15 Minuten backen. Hülsenfrüchte und Backpapier entfernen und Teig weitere ca. 10 Minuten goldbraun backen. Auf einem Gitter auskühlen lassen.

3. Zitronen waschen, Schale abreiben, Saft auspressen und 400 Milliliter abmessen. Zitronenschale und -saft, 375 Gramm Zucker und übrige Butter über dem Wasserbad erhitzen, bis die Butter geschmolzen ist. Restliche Eier trennen. Eigelbe unter Rühren zur warmen Zitronensaftmischung geben. Über dem heißen Wasserbad mit dem Schneebesen ca. 12–15 Minuten durchrühren. Durch ein Sieb randhoch in die Teigböden füllen. Abkühlen lassen.

4. Eiweiße und 1 Prise Salz mit den Quirlen des Handrührgeräts halbsteif schlagen. Übrigen Zucker einrieseln lassen und so lange rühren, bis sich der Zucker aufgelöst hat und eine feste Creme entstanden ist. In einen Spritzbeutel mit Sterntülle füllen und kleine Rosetten in die Mitte der Törtchen setzen. Unter dem Grill des Backofens kurz leicht bräunen lassen.

STREUSELMUFFINS APFEL–HASELNUSS

Zutaten für 12 Stück

*2 Äpfel, 175 g Margarine (z. B. Sanella), 175 g Zucker, 1 Ei,
325 g Mehl, 1 TL Backpulver, 15 g Backkakao, Salz, 100 ml Milch,
25 g Haselnüsse (gehackt oder gehobelt)*

Zubereitungszeit *ca. 55 Min.*

1. Backofen auf 200 °C (Umluft: 180 °C) vorheizen. Mulden eines Muffinblechs mit Papier-backförmchen auslegen. Äpfel nach Belieben schälen, vierteln und vom Kerngehäuse befreien. Einen Apfel in 12 Spalten, den anderen in kleine Stücke schneiden.

2. 100 Gramm Margarine und 100 Gramm Zucker mit den Quirlen des Handrührgeräts zu einer glatten Masse aufschlagen. Ei sorgfältig unterschlagen. 200 Gramm Mehl, Backpulver, Kakao und 1 Prise Salz gründlich vermischen und mit der Milch unter den Teig rühren. Apfelstücke untermischen. Teig in die Papierbackförmchen füllen.

3. Restlichen Zucker, 1 Prise Salz, restliches Mehl und Haselnüsse mischen. Restliche Margarine in einem Topf schmelzen lassen. Zucker-Mehl-Nuss-Mischung zugeben und mit einer Gabel zu Streuseln verrühren.

4. Streusel auf dem Teig verteilen. In jeden Muffin eine Apfelspalte stecken und Streusel-muffins im vorgeheizten Backofen ca. 20 Minuten backen.

Gutes Timing

Für ein gelungenes Frosting, das sich gut spritzen lässt, kommt es nicht nur auf das richtige Verhältnis der Zutaten, sondern vor allem auch auf die Zubereitung an. Hier zählt besonders das perfekte Timing beim Rühren. Denn wer die Frostingmasse zu lange rührt, macht sie dünn und damit unbrauchbar zum Spritzen von Mustern. Rührt man hingegen zu kurz, ist das Frosting oft zu fest oder klumpig, um es formschön auf den Cupcake aufzutragen. Welches Timing das richtige ist, ist reine Übungssache. Je öfter Sie es versuchen, desto besser wird Ihr Gespür dafür.

CUPCAKES MIT SCHOKO-FROSTING

Zutaten für 12 Stück

300 g Butter, 1 Pck. Vanillezucker, 160 g Zucker, 2 Eier, 1 TL Backpulver,
150 g Mehl, Salz, 100 g Joghurt, 150 g Zartbitterschokolade, 100 g Zartbitterkuvertüre,
250 g Puderzucker, bunte Zuckerperlen

Zubereitungszeit *ca. 1 Std.*

1. Backofen auf 175 °C (Umluft: 155 °C) vorheizen. Mulden eines Muffinblechs mit Papier-backförmchen auslegen. 100 Gramm Butter mit Vanillezucker und Zucker luftig aufschlagen. Eier unterrühren. Backpulver, Mehl und 1 Prise Salz mischen und abwechselnd mit Joghurt unter die Buttermischung rühren. Schokolade hacken und unterheben.

2. Teig gleichmäßig auf die Muffinmulden verteilen und im vorgeheizten Backofen ca. 20 Minuten backen. Auf einem Kuchengitter auskühlen lassen.

3. Kuvertüre im Wasserbad schmelzen und abkühlen lassen. Restliche Butter schaumig schlagen, Kuvertüre zugeben und cremig rühren. Gesiebten Puderzucker untermischen.

4. In einen Spritzbeutel mit großer Tülle füllen und auf die Cupcakes auftragen. Mit Zuckerperlen verzieren.

MARZIPAN-MOHN-CUPCAKES

Zutaten für 12 Stück

200 g Marzipanrohmasse, 200 g Butter, 300 g saure Sahne, 125 g Mohnback,
100 g Zucker, 1 Ei, 150 g Mehl, 150 g Mandeln (gemahlen), 2 TL Backpulver,
Salz, 250 g Puderzucker, 2 EL Amaretto, ½ TL Vanillezucker

Zubereitungszeit *ca. 55 Min.*

1. Backofen auf 180 °C (Umluft: 160 °C) vorheizen. 100 Gramm Marzipanrohmasse in 12 Stücke schneiden und zu kleinen Kugeln formen. Restliches Marzipan in kleine Stücke schneiden und zusammen mit 100 Gramm Butter, saurer Sahne, Mohnback, Zucker und Ei mit dem Handrührgerät verrühren.

2. Mehl, Mandeln, Backpulver und 1 Prise Salz mischen und unter die zuvor verrührten Zutaten mischen.

3. Mulden eines Muffinblechs mit Papierbackförmchen auslegen und bis zur Hälfte mit Teig füllen. Je 1 Marzipankugel hineinsetzen und mit Teig auffüllen. Cupcakes im vorgeheizten Backofen ca. 20–25 Minuten backen. Vollständig auskühlen lassen.

4. Restliche Butter mit gesiebtem Puderzucker, Amaretto und Vanillezucker mit dem Handrührgerät glatt rühren. In einen Spritzbeutel mit großer Tülle geben und auf den Cupcakes verteilen.

ZITRONEN-CUPCAKES

Zutaten für 12 Stück

200 g Butter, 150 g Zucker, 2 Eier, 150 g Mehl, 1 TL Backpulver,
1 Pck. Vanillezucker, 100 ml Milch, 200 g Puderzucker,
50 ml Zitronensaft, gelbe Zuckerstreusel

Zubereitungszeit *ca. 50 Min.*

1. Mulden eines Muffinblechs mit Papierbackförmchen auslegen. Backofen auf 180 °C (Umluft: 160 °C) vorheizen.

2. 100 Gramm weiche Butter und Zucker schaumig schlagen. Eier nacheinander zugeben und unterrühren. Mehl, Backpulver und Vanillezucker mischen und mit der Butter-Zucker-Masse verrühren. Esslöffelweise Milch zugeben und verrühren, bis ein zählflüssiger Teig entstanden ist.

3. Je 2–3 Esslöffel Teig in die Papierbackförmchen geben. Cupcakes im vorgeheizten Backofen ca. 25 Minuten backen.

4. Restliche Butter und gesiebten Puderzucker vermischen. Mit Zitronensaft verrühren, bis die Mischung eine cremige Konsistenz hat. In einen Spritzbeutel füllen und auf die abgekühlten Cupcakes auftragen. Mit Zuckerstreuseln dekorieren und servieren.

CUPCAKES MIT KAKAOFROSTING

Zutaten für 12 Stück

*280 g Mehl, 250 g brauner Zucker, 125 g Kakaopulver, 1 ½ TL Backpulver,
1 Pck. Vanillezucker, Salz, 120 ml Rapsöl, 250 ml kohlensäurehaltiges Mineralwasser,
2 TL Apfelessig, 300 g weiche Butter, 500 g Puderzucker, 4 EL Schokoladensoße*

Zubereitungszeit *ca. 45 Min.*

1. Backofen auf 180 °C (Umluft: 160 °C) vorheizen. Mehl, Zucker, 80 Gramm Kakao, Backpulver, Vanillezucker und 1 Prise Salz miteinander vermischen. Öl, Mineralwasser und Apfelessig ebenfalls mischen. Flüssige Mischung unter die Mehlmischung geben und alles zu einem glatten Teig verrühren.

2. Mulden eines Muffinblechs mit Papierbackförmchen auslegen. Teig gleichmäßig in den Muffinmulden verteilen und im vorgeheizten Backofen ca. 20–25 Minuten backen. Cupcakes aus dem Backofen nehmen und abkühlen lassen.

3. Butter mit dem Handrührgerät schaumig rühren. Restliches Kakaopulver mit 3 Esslöffeln kochendem Wasser glatt rühren. Gesiebten Puderzucker, Kakaomasse und 2 Esslöffel Schokoladensoße unter die Butter rühren. In einen Spritzbeutel füllen und auf die Cupcakes auftragen. Mit restlicher Schokoladensoße verzieren.

GEWÜRZ-CUPCAKES

Zutaten für 12 Stück

4 Eier, 200 g Butter, Salz, 200 g Zucker, 1 TL Backpulver,
200 g Mehl, 6 g Espressopulver, 2 EL Kakao, ½ TL gemahlener Piment,
½ TL gemahlene Nelken, ½ TL Muskatblüten, 12 Amarenakirschen (aus dem Glas),
50 g Frischkäse, 150 g Mascarpone, 20 g Puderzucker

Zubereitungszeit *ca. 1 Std.*

1. Backofen auf 180 °C (Umluft: 160 °C) vorheizen. 2 Eier trennen. Butter, 1 Prise Salz und 150 Gramm Zucker mit den Quirlen des Handrührgeräts ca. 10 Minuten cremig aufschlagen. Eigelbe und restliche Eier einzeln zugeben und gut unterrühren. Backpulver und Mehl mischen und unter die Buttermischung rühren.

2. Eiweiße und 1 Prise Salz mit den Quirlen des Handrührgeräts steif schlagen, dabei restlichen Zucker einrieseln lassen. Eischnee unter den Teig heben. Teig in zwei Hälften teilen. Espressopulver, Kakao und Gewürze vermischen und mit einer Teighälfte verrühren.

3. Mulden eines Muffinblechs mit Papierbackförmchen auslegen. Muffinmulden je zur Hälfte mit den zwei Teighälften füllen und leicht mit der Gabel vermischen. Cupcakes im vorgeheizten Backofen ca. 35 Minuten backen.

4. Amarenakirschen abtropfen lassen und Kirschsirup dabei auffangen. Frischkäse, Mascarpone und gesiebten Puderzucker glatt rühren. In einen Spritzbeutel mit großer Sterntülle füllen und auf die Cupcakes auftragen. Mit Amarenakirschen und Sirup verzieren.

MÖHREN-CUPCAKES

Zutaten für 12 Stück

200 g Möhren, 2 Eier, 5 EL Pflanzenöl, 90 g Zucker, 200 g saure Sahne,
Salz, 1 Msp. Zimt, 1 Msp. Nelkenpulver, 100 g Haselnüsse (gemahlen),
2 EL Kakaopulver, 1 TL Backpulver, 200 g Mehl, 350 g Frischkäse, 1 EL Zitronensaft,
1 EL Vanillesirup, 12 Marzipanmöhren

Zubereitungszeit *ca. 50 Min.*

1. Mulden eines Muffinblechs mit Papierbackförmchen auslegen. Backofen auf 180 °C (Umluft: 160 °C) vorheizen.

2. Möhren schälen und fein raspeln. Eier trennen. Eigelbe mit Öl, Zucker und saurer Sahne verrühren. Möhren unterrühren.

3. Eiweiße mit 1 Prise Salz steif schlagen. Zimt, Nelkenpulver, Nüsse, Kakaopulver, Backpulver und Mehl vermischen und abwechselnd mit dem Eischnee unter den Teig mengen. Teig in die Muffinmulden füllen. Im vorgeheizten Backofen ca. 25–30 Minuten backen. Cupcakes abkühlen lassen.

4. Frischkäse mit Zitronensaft und Vanillesirup verrühren. In einen Spritzbeutel mit großer Tülle füllen und auf den Cupcakes verteilen. Mit je einer Marzipanmöhre verziert servieren.

Süß & lustig

AFFEN-MUFFINS

Zutaten für 12 Stück

165 g Margarine (z. B. Sanella), 100 g Zucker, 1 Pck. Vanillezucker, 1 Ei,
200 g Mehl, 1 TL Backpulver, Salz, 75 ml Milch, 1 Banane,
50 g Schokotropfen, 80 g Vollmilchschokolade, 40 g Frischkäse, 36 Amarettini,
1 Tube weiße Zuckerschrift, 1 Tube braune Zuckerschrift

Zubereitungszeit *ca. 1 Std. + 20 Min. Kühlzeit*

1. Backofen auf 200 °C (Umluft: 180 °C) vorheizen. Mulden eines Muffinblechs mit Papierbackförmchen auslegen. 125 Gramm Margarine, Zucker und Vanillezucker mit den Quirlen des Handrührgeräts zu einer glatten Masse aufschlagen. Ei sorgfältig unterschlagen.

2. Mehl, Backpulver und 1 Prise Salz gründlich mischen und mit der Milch unter den Teig rühren. Banane mit der Gabel zerdrücken und unterrühren. 25 Gramm Schokotropfen untermischen. Teig in die Muffinmulden verteilen. Muffins im vorgeheizten Backofen ca. 25 Minuten backen. Stäbchenprobe machen, am Holzstäbchen darf kein flüssiger Teig haften. Abkühlen lassen.

3. Restliche Margarine und Vollmilchschokolade bei kleiner Hitze schmelzen und leicht abkühlen lassen. Frischkäse mit dem Schneebesen unterrühren. Ca. 20 Minuten kühlen, bis eine streichfähige Creme entstanden ist.

4. Schokocreme auf die Muffins streichen. Amarettini als „Ohren" und „Schnauze" auf die Muffins setzen. Mit weißer Zuckerschrift und restlichen Schokotropfen „Augen" gestalten, mit brauner Zuckerschrift „Nasenlöcher" und „Mund" malen.

BLUMEN-CUPCAKES

Zutaten für 8 Stück

1 Vanilleschote, 140 g Butter, 80 g Zucker, 2 Pck. Vanillezucker,
2 Eier, 1 TL Backpulver, 90 g Mehl, Salz, 8 Marshmallows, bunte Zuckerstreusel,
50 g Frischkäse, 125 g Puderzucker, 8 Schokolinsen

Zubereitungszeit *ca. 40 Min.*

1. Backofen auf 180 °C (Umluft: 160 °C) vorheizen. 8 Mulden eines Muffinblechs mit Papierbackförmchen auskleiden. Vanilleschote längs aufschneiden und Mark herauskratzen.

2. 90 Gramm Butter, Zucker und 1 Päckchen Vanillezucker mit dem Handrührgerät schaumig schlagen. Eier einzeln unterrühren, Vanillemark zugeben und ebenfalls unterrühren. Backpulver, Mehl und 1 Prise Salz vermischen und mit dem Teig vermengen.

3. Teig gleichmäßig auf die Muffinmulden verteilen. Im vorgeheizten Backofen ca. 15 Minuten backen und abkühlen lassen. Marshmallows in je 5 Scheiben schneiden und mit einer Schnittfläche in die Streusel drücken.

4. Restliche Butter und Frischkäse kurz verrühren. Gesiebten Puderzucker und restlichen Vanillezucker nach und nach zugeben. Creme auf den Cupcakes verstreichen. Marshmallows ringförmig darauflegen und leicht andrücken. In die Mitte jedes Rings eine Schokolinse setzen.

DIE KLEINE KUCHEN-RAUPE

Zutaten für 12 Muffins + 8 Stücke

*250 g Margarine (z. B. Sanella), 250 g Zucker, 1 Pck. Vanillezucker, 4 Eier, 350 g Mehl,
2 TL Backpulver, Salz, 125 ml Milch, 50 g Pistazien (gehackt),
100 g Frischkäse, 1 Beutel Instant-Götterspeise Waldmeistergeschmack (ca. 100 g),
125 g Cremefine zum Aufschlagen 19 % Fett (von Rama), 1 Beutel rote Muffinglasur,
100 g Marzipanrohmasse, 10 g Backkakao*

Zubereitungszeit *ca. 1 Std. und 30 Min.*

1. Backofen auf 200 °C (Umluft: 180 °C) vorheizen. Mulden eines Muffinblechs mit Papier-backförmchen auslegen. Eine Springform mit Backpapier auslegen. Margarine, Zucker und Vanillezucker mit den Quirlen des Handrührgeräts zu einer glatten Masse aufschlagen. Eier einzeln unterschlagen. Mehl, Backpulver und 1 Prise Salz gründlich vermischen und mit der Milch kurz, aber sorgfältig unter den Teig rühren. Gehackte Pistazien untermischen.

2. Teig in die Muffinmulden und in die Springform verteilen und im vorgeheizten Backofen ca. 20 Minuten backen. Stäbchenprobe bei den Muffins machen, am Holzstäbchen darf kein flüssiger Teig haften. Muffins aus dem Backofen nehmen. Teig in der Springform weitere ca. 20 Minuten backen. Erneut Stäbchenprobe machen. Herausnehmen und abkühlen lassen.

3. Frischkäse und Götterspeisepulver mit dem Schneebesen glatt rühren. Cremefine mit dem Handrührgerät steif schlagen. Mit dem Schneebesen portionsweise unter die Frischkäse-mischung heben. Creme in einen Spritzbeutel füllen und auf die abgekühlten Muffins setzen.

4. Abgekühlten Kuchen aus der Springform lösen und mit roter Glasur bestreichen. Marzipan und Backkakao verkneten, sodass eine dunkelbraune Masse entsteht. Fühler und Füßchen daraus formen und Kuchen sowie Muffins als Kuchenraupe anrichten.

EULEN-CUPCAKES

Zutaten für 12 Stück

*24 kleine runde Schokokekse mit weißer Cremefüllung (z. B. Oreos),
165 g Margarine (z. B. Sanella), 125 g Zucker, 2 Eier, 150 g Mehl,
25 g Backkakao, 1 TL Backpulver, Salz, 100 ml Milch, 80 g Schokolade,
40 g Frischkäse, 24 braune Schokolinsen, 12 orange Schokolinsen*

Zubereitungszeit *ca. 1 Std. + 20 Min. Kühlzeit*

1. Backofen auf 200 °C (Umluft: 180 °C) vorheizen. Mulden eines Muffinblechs mit Papierbackförmchen auslegen. Kekshälften trennen. Hälften mit weißer Creme beiseitelegen. 12 Kekshälften ohne Creme grob hacken.

2. 125 Gramm Margarine und Zucker mit den Quirlen des Handrührgeräts zu einer glatten Masse verrühren. Eier sorgfältig unterrühren.

3. Mehl, Kakao, Backpulver und 1 Prise Salz gründlich vermischen und mit Milch kurz, aber sorgfältig unter den Teig rühren. Gehackte Kekse untermischen. Teig in die Muffinmulden verteilen. Muffins im vorgeheizten Backofen ca. 20 Minuten backen. Stäbchenprobe machen, am Holzstäbchen darf kein flüssiger Teig haften. Abkühlen lassen.

4. Restliche Margarine und Schokolade bei kleiner Hitze schmelzen und etwas abkühlen lassen. Frischkäse mit einem Schneebesen unterrühren. Ca. 20 Minuten kühlen, bis eine streichfähige Creme entstanden ist. Schokocreme auf die Muffins streichen. Kekshälften mit Creme als „Augen" auf die Muffins setzen. Mit Schokolinsen „Pupillen" und „Schnabel" dekorieren.

Hübsch und praktisch

Die kleinen Papierförmchen, in denen Muffins und Cupcakes gebacken werden, haben nicht nur einen optischen Nutzen: Das Papier verhindert zum einen das Anbacken des Teigs an der Muffinform, zum anderen lassen sich die kleinen Leckereien auf diese Weise essen, ohne dass man dabei klebrige Finger bekommt. Durch den Kontakt zum nassen Teig weichen jedoch manche Förmchen schnell durch und verlieren dadurch optisch an Attraktivität. In diesem Fall hüllt man den fertig gebackenen Cupcake einfach in eine weitere Papierhülle, ehe man ihn serviert.

REGENBOGEN-CUPCAKES

Zutaten für 12 Stück

300 g Mehl, 2 ½ TL Backpulver, 2 Eier, 120 g Zucker, ½ TL Orangenabrieb,
75 ml Pflanzenöl, 300 ml Buttermilch, 3 verschiedene Lebensmittelfarben,
150 g Butter, 150 g Frischkäse, 4 EL Puderzucker, 2 EL Orangensaft

Zubereitungszeit *ca. 50 Min.*

1. Backofen auf 180 °C (Umluft: 160 °C) vorheizen. Mulden eines Muffinblechs mit Papierbackförmchen auslegen.

2. Mehl mit Backpulver mischen. Eier, Zucker und Orangenabrieb mit dem Handrührgerät schaumig schlagen. Nach und nach Öl und Buttermilch zugeben. Mehlmischung unterrühren. Teig in gleich große Portionen aufteilen und je 1 Lebensmittelfarbe untermischen.

3. In jede Muffinmulde je 1 Esslöffel Teig von jeder Farbe füllen. Cupcakes im vorgeheizten Backofen ca. 25–30 Minuten backen.

4. Butter, Frischkäse, Puderzucker und Orangensaft mit dem Handrührgerät cremig rühren. In einen Spritzbeutel mit Sterntülle füllen und abgekühlte Cupcakes damit verzieren.

MAULWURF-CUPCAKES

Zutaten für 12 Stück

*100 g Mehl, 20 g Backkakao, 3 TL Backpulver, 100 g Haselnüsse, Salz,
1 Pck. Vanillezucker, 120 g Zucker, 80 ml Milch, 2 Eier, 100 ml Pflanzenöl,
200 g Sahne, 2 TL Puderzucker, 250 g Rote Grütze*

Zubereitungszeit *ca. 1 Std.*

1. Backofen auf 180 °C (Umluft: 160 °C) vorheizen. Mulden eines Muffinblechs mit Papier-backförmchen auslegen.

2. Mehl, Kakao, Backpulver, Haselnüsse, 1 Prise Salz, Vanillezucker und Zucker mit dem Schneebesen verrühren. Milch, Eier und Öl mit dem Schneebesen glatt rühren. Zur Mehl-mischung geben und alles zu einem glatten Teig verarbeiten.

3. Teig in die Muffinmulden verteilen. Muffins im vorgeheizten Backofen ca. 25 Minuten backen und ca. 5 Minuten im Muffinblech abkühlen lassen. Aus der Form lösen und auf einem Kuchengitter abkühlen lassen.

4. Von jedem Muffin einen kleinen Deckel abschneiden und den Muffin so aushöhlen, dass rundherum ein Rand stehen bleibt. Deckel und ausgehöhlten Teig fein zerbröseln.

5. Sahne mit Puderzucker steif schlagen und zwei Drittel der Muffinbrösel unterrühren. Muffins mit etwas Roter Grütze füllen. Sahne-Brösel-Mischung daraufgeben und mit übrigen Bröseln bestreuen.

KRÜMELMONSTER-MUFFINS

Zutaten für 10 Stück

100 g Margarine (z. B. von Sanella), 100 g Zucker, 2 Eier, 150 g Mehl, 1 TL Backpulver, Salz, 50 ml Milch, 75 g Schokotropfen, 125 g Mini-Kekse, 75 g Kokosraspel, blaue Lebensmittelfarbe, 100 g Marzipanrohmasse, 100 g Puderzucker

Zubereitungszeit *ca. 1 Std. und 15 Min.*

1. Backofen auf 200 °C (Umluft: 180 °C) vorheizen. Mulden eines Muffinblechs mit Papierbackförmchen auslegen. Margarine und Zucker mit den Quirlen des Handrührgeräts cremig aufschlagen. Eier einzeln unterrühren.

2. Mehl, Backpulver und 1 Prise Salz vermischen und abwechselnd mit der Milch kurz unter den Teig rühren. Von den Schokotropfen 20 Stück für die „Augen" beiseitestellen, Rest untermischen. Von den Mini-Keksen 10 beiseitestellen, Rest grob hacken oder zerbröseln und ebenfalls untermischen.

3. Teig in die Muffinmulden füllen und im vorgeheizten Backofen ca. 20–25 Minuten backen. Stäbchenprobe machen, am Holzstäbchen darf kein flüssiger Teig haften. Abkühlen lassen.

4. Kokosraspel mit etwas Lebensmittelfarbe einfärben. Aus der Marzipanrohmasse 20 Kugeln formen. Beiseitegestellte Schokotropfen als Pupillen hineindrücken. Puderzucker mit Lebensmittelfarbe und 1–2 Teelöffeln Wasser zu einem cremigen Guss verrühren.

5. Muffins mit dem Guss bestreichen und in die Kokosraspeln tauchen. „Marzipanaugen" mit etwas Guss an den Muffins festkleben. Muffins trocknen lassen. Für den „Mund" einen kleinen Keil in die Muffins schneiden. Beiseitegestellte Kekse eventuell halbieren und in den Einschnitt stecken.

FISCH-CUPCAKES

Zutaten für 12 Stück

1 Ei, 75 g Zucker, 2 Pck. Vanillezucker, Salz,
Saft und abgeriebene Schale von ½ unbehandelten Zitrone, 45 ml Öl,
225 ml Buttermilch, 260 g Mehl, 1 Pck. Backpulver, 200 g Sahne, 250 g Sahnequark,
verschiedene Lebensmittelfarben, 1 Pck. verschiedenfarbige Schokolinsen

Zubereitungszeit *ca. 50 Min.*

1. Backofen auf 200 °C (Umluft: 180 °C) vorheizen. Mulden eines Muffinblechs mit Papier-backförmchen auslegen.

2. Ei, Zucker, 1 Päckchen Vanillezucker, 1 Prise Salz, Zitronenabrieb, Zitronensaft, Öl und Buttermilch vermischen. Mehl und Backpulver unter Rühren zugeben. Teig in die Muffin-mulden geben und im vorgeheizten Backofen ca. 25 Minuten backen.

3. Sahne schlagen. Sahnequark mit restlichem Vanillezucker verrühren und Sahne unter-heben. Creme in mehrere Portionen aufteilen und mit je einer Lebensmittelfarbe einfärben.

4. Abgekühlte Cupcakes mit je einer Creme in verschiedenen Farben bestreichen und mit Schokolinsen als „Augen", „Maul" und „Schuppen" dekorieren.

PANDABÄR-CUPCAKES

Zutaten für 12 Stück

125 g Butter, 125 g Zucker, 1 Pck. Vanillezucker, 2 Eier,
50 g Schokolade, 2 TL Backpulver, 200 g Mehl, 15 g Backkakao, Salz, 125 ml Milch,
150 g Frischkäse, 15 g Puderzucker, 24 runde Mini-Schokokekse (z. B. Mini-Oreos),
12 braune Schokolinsen, 24 Schokotropfen, braune Zuckerschrift

Zubereitungszeit *ca. 50 Min.*

1. Backofen auf 200 °C (Umluft: 180 °C) vorheizen. Mulden eines Muffinblechs mit Papier-backförmchen auslegen. Butter, Zucker und Vanillezucker mit den Quirlen des Handrühr-geräts zu einer glatten Masse verrühren. Eier einzeln sorgfältig unterschlagen.

2. Schokolade grob hacken. Backpulver, Mehl, Kakao und 1 Prise Salz gut vermischen und mit Milch unter den Teig mengen. Gehackte Schokolade unterheben. Teig in die Muffin-mulden füllen. Cupcakes im vorgeheizten Backofen ca. 25 Minuten backen (Stäbchenprobe machen) und erkalten lassen.

3. Frischkäse mit Puderzucker glatt rühren und auf die Cupcakes streichen. Von den Mini-Schokokeksen kleine Ecken abschneiden, größere Stücke als „Ohren" am oberen Rand der Cupcakes in die Creme stecken. Mit Schokolinsen als „Nase" und Schokotropfen als „Augen" dekorieren. Mund mit Zuckerschrift aufmalen.

SCHMETTERLINGS-CUPCAKES

Zutaten für 12 Stück

1 unbehandelte Limette, 125 g Margarine (z. B. Sanella), 125 g Zucker, 2 Eier,
175 g Mehl, 1 TL Backpulver, Salz, 2 EL Milch, 75 g Frischkäse,
30 g Puderzucker, 125 g Cremefine zum Aufschlagen 19 % Fett (von Rama),
24 Salzbrezeln, 36 Schokolinsen, 2 Lakritzschnecken

Zubereitungszeit *ca. 1 Std.*

1. Backofen auf 200 °C (Umluft: 180 °C) vorheizen. Mulden eines Muffinblechs mit Papierbackförmchen auslegen. Limette heiß abspülen. Schale fein abreiben und Saft auspressen.

2. Margarine und Zucker mit den Quirlen des Handrührgeräts zu einer glatten Masse verrühren. Eier sorgfältig einzeln unterschlagen.

3. Mehl, Backpulver und 1 Prise Salz gründlich vermischen und kurz, aber sorgfältig unter den Teig rühren. Limettensaft, Hälfte des Limettenabriebs und Milch unterrühren. Teig auf die Muffinmulden verteilen. Cupcakes im vorgeheizten Backofen ca. 20 Minuten backen. Stäbchenprobe machen, am Holzstäbchen darf kein flüssiger Teig haften. Abkühlen lassen.

4. Frischkäse, Puderzucker und den restlichen Limettenabrieb mit dem Schneebesen glatt rühren. Cremefine mit dem elektrischen Handrührgerät steif schlagen und mit dem Schneebesen portionsweise unter den Frischkäse heben. Creme in einen Spritzbeutel füllen und auf die abgekühlten Cupcakes setzen. Mit Salzbrezeln und Schokolinsen Schmetterlinge dekorieren. Mit kleinen Lakritzschneckenstückchen Fühler gestalten.

SPIEGELEI-MUFFINS

Zutaten für 12 Stück

1 Dose Aprikosen, 100 g Margarine, 150 g Zucker, 2 Eier, 1 TL Backpulver,
150 g Mehl, Salz, ½ Pck. Vanillepuddingpulver, 250 ml Milch, 200 g saure Sahne

Zubereitungszeit *ca. 1 Std. und 10 Min.*

1. Aprikosen in einem Sieb abtropfen lassen, Saft dabei auffangen. Backofen auf 200 °C (Umluft: 180 °C) vorheizen. Mulden eines Muffinblechs mit Papierbackförmchen auslegen.

2. Margarine und 100 Gramm Zucker mit den Quirlen des Handrührgeräts cremig aufschlagen. Eier einzeln unterschlagen.

3. Backpulver, Mehl, und 1 Prise Salz mischen und abwechselnd mit 50 Millilitern Aprikosensaft unter den Teig mischen. Teig in die Muffinmulden verteilen. Muffins im vorgeheizten Backofen ca. 20–25 Minuten backen und erkalten lassen.

4. Puddingpulver und restlichen Zucker mischen, 3 Esslöffel Milch zugeben und Puddingmischung mit dem Schneebesen glatt rühren. Übrige Milch aufkochen lassen und vom Herd nehmen. Angerührtes Puddingpulver einrühren. Wieder auf den Herd stellen und unter Rühren ca. 2 Minuten zu einer dicken Creme einkochen lassen. Unter gelegentlichem Rühren abkühlen lassen.

5. Saure Sahne zum Pudding geben und einrühren. Creme auf die Muffins verteilen und Aprikosenhälften als „Eidotter" daraufsetzen.

SÜSSE SPAGHETTI-MUFFINS

Zutaten für 12 Stück

*125 g Butter, 125 g Zucker, 2 Eier, 1 TL Backpulver, 150 g Mehl,
25 g Backkakao, Salz, 100 ml Milch, 150 g Frischkäse, 40 g Puderzucker, 200 g Sahne,
1 Pck. Vanillezucker, 30 g weiße Schokolade, 125 ml Erdbeersoße*

Zubereitungszeit *ca. 1 Std. und 10 Min.*

1. Backofen auf 200 °C (Umluft: 180 °C) vorheizen. Mulden eines Muffinblechs mit Papierbackförmchen auslegen. Butter und Zucker mit den Quirlen des Handrührgeräts glatt rühren. Eier gut unterrühren.

2. Backpulver, Mehl, Kakao und 1 Prise Salz gut mischen und mit der Milch sorgfältig unter den Teig rühren. Teig in die Muffinmulden verteilen. Muffins im vorgeheizten Backofen ca. 20 Minuten backen (Stäbchenprobe machen) und abkühlen lassen.

3. Frischkäse mit Puderzucker gut verrühren. Sahne und Vanillezucker mit dem Handrührgerät steif schlagen und portionsweise unter die Frischkäsemischung heben. Ca. 15 Minuten im Kühlschrank kalt stellen. Creme in einen Spritzbeutel mit kleiner Lochtülle geben und in Spaghettiform auf die Muffins auftragen. Schokolade grob hacken und Muffins mit Schokolade und Erdbeersoße verzieren.

Das Auge isst mit

Cupcakes sind kleine Kunstwerke, die entsprechend präsentiert werden wollen. Denken Sie sich hierfür ruhig etwas ganz Besonderes aus. Etageren eignen sich beispielsweise gut, um die kleinen Küchlein optimal zur Schau zu stellen. Niedlich ist aber auch die Verpackung in einem Eierkarton, beispielsweise wenn Sie die Cupcakes verschenken wollen.

LÖWEN-MUFFINS

Zutaten für 12 Stück

*1 unbehandelte Orange, 125 g Margarine (z. B. von Rama), 125 g Zucker, 1 Pck. Vanillezucker,
2 Eier, 175 g Mehl, 1 TL Backpulver, Salz, 100 g Frischkäse, 30 g Puderzucker,
125 g Cremefine zum Aufschlagen 19 % Fett (von Rama), gelbe Lebensmittelfarbe,
rote Lebensmittelfarbe, 24 Cerealienringe (z. B. Honey Loops von Kellogg's Cornflakes),
24 Schokotropfen, 12 braune Schokolinsen, braune Zuckerschrift*

Zubereitungszeit *ca. 1 Std. und 15 Min.*

1. Backofen auf 200 °C (Umluft: 180 °C) vorheizen. Mulden eines Muffinblechs mit Papier-backförmchen auslegen. Von der Orange die Schale fein abreiben und 100 Milliliter Saft auspressen. Margarine, Zucker und Vanillezucker mit den Quirlen des Handrührgeräts zu einer cremigen Masse verrühren. Eier nacheinander sorgfältig unterschlagen.

2. Mehl, Backpulver und 1 Prise Salz gründlich vermischen und mit Orangensaft und Hälfte des Orangenabriebs unter den Teig rühren. Teig in die Muffinmulden füllen und im vorge-heizten Backofen ca. 20 Minuten backen. Stäbchenprobe machen, am Holzstäbchen darf kein flüssiger Teig haften. Muffins abkühlen lassen.

3. Frischkäse, Puderzucker und restlichen Orangenabrieb mit dem Schneebesen glatt rühren. Cremefine mit gelber Lebensmittelfarbe steif schlagen und mit dem Schneebesen portions-weise unter die Frischkäsemischung rühren. Etwa ein Drittel der Creme abnehmen und mit etwas roter Lebensmittelfarbe hellorange einfärben. Muffins mit gelber Creme bestreichen.

4. Mit einer dünnen Spritztülle oder einem Gefrierbeutel mit kleiner abgeschnittener Ecke mit helloranger Cremer kleine „Haarspitzen" als Löwenmähne auf den Rand der Muffins spritzen. Cerealienringe als „Ohren" in die Creme stecken. „Augen" und „Maul" aus Schoko-tropfen, Schokolinsen und Zuckerschrift dekorieren.

BIBER-CUPCAKES

Zutaten für 12 Stück

275 g Mehl, 3 TL Backpulver, 1 Ei, 150 g Zucker, 1 Pck. Vanillezucker,
325 g Butter, 250 ml Buttermilch, Salz, 100 g Zartbitterkuvertüre, 200 g Puderzucker,
schwarze Zuckerschrift, 24 weiße Schokolinsen, 24 braune Schokolinsen,
12 rote Schokolinsen, 12 weiße Kaubonbons, 12 längliche Schokobiskuitkekse

Zubereitungszeit *ca. 1 Std.*

1. Backofen auf 175 °C (Umluft: 155 °C) vorheizen. Mulden eines Muffinblechs mit Papier-backförmchen auslegen.

2. Mehl und Backpulver vermischen. Ei verschlagen. Zucker, Vanillezucker, 125 Gramm But-ter, Buttermilch und 1 Prise Salz mit dem Handrührgerät unter das verschlagene Ei rühren. Mehl-Backpulver-Mischung unterheben.

3. Teig gleichmäßig auf die Muffinmulden verteilen und im vorgeheizten Backofen ca. 25 Mi-nuten backen. Auf einem Kuchengitter erkalten lassen.

4. Kuvertüre im Wasserbad schmelzen lassen, cremig rühren und abkühlen lassen. Restliche Butter cremig rühren, Kuvertüre unterrühren und mit gesiebtem Puderzucker luftig aufschla-gen. Creme in einen Spritzbeutel geben und Cupcakes damit verzieren.

5. Mit schwarzer Zuckerschrift „Pupillen" auf die weißen Schokolinsen malen. „Augen" auf die Cupcakes setzen. Braune Schokolinsen für die „Ohren", rote Schokolinsen für die „Nase" und weiße Kaubonbons für die „Zähne" verwenden. Biskuitkekse als „Schwanz" in die Cup-cakes stecken.

POPCORN-MUFFINS

Zutaten für 12 Stück

125 g weiche Butter, 125 g Zucker, 1 Ei, 175 g Mehl, 1 TL Backpulver,
50 g Haselnüsse (gemahlen), Salz, 100 ml Milch, 1 Beutel Kuchenglasur, 100 g Popcorn

Zubereitungszeit *ca. 45 Min.*

1. Backofen auf 200 °C (Umluft: 180 °C) vorheizen. Mulden eines Muffinblechs mit Papier-backförmchen auslegen. Butter und Zucker mit den Quirlen des Handrührgeräts zu einer glatten Masse verrühren. Ei sorgfältig unterschlagen.

2. Mehl, Backpulver, Haselnüsse und 1 Prise Salz mischen und mit Milch unter den Teig mengen. Teig in die Muffinmulden verteilen. Im vorgeheizten Backofen ca. 20 Minuten backen (Stäbchenprobe machen) und erkalten lassen.

3. Kuchenglasur nach Packungsanweisung zubereiten. Je 2 Teelöffel davon auf die Muffins geben. Popcorn in die Glasur drücken und Glasur fest werden lassen.

SCHNEEMANN-CUPCAKES

Zutaten für 12 Stück

350 g Cremefine zum Aufschlagen 19 % Fett (von Rama), 75 g Zucker,
1 Pck. Vanillezucker, 1–2 Msp. Lebkuchengewürz, 2 Eier, 135 g Mehl,
35 g Speisestärke (z. B. von Mondamin), 10 g Backkakao, 1 TL Backpulver,
Salz, 2 EL Puderzucker, 12 Marzipanmöhren, 1 Pck. Schokotropfen

Zubereitungszeit *ca. 55 Min.*

1. Backofen auf 200 °C (Umluft: 180 °C) vorheizen. Mulden eines Muffinblechs mit Papierbackförmchen auslegen. 175 Gramm Cremefine mit Zucker, Vanillezucker und Lebkuchengewürz mit den Quirlen des Handrührgeräts steif schlagen. Eier einzeln unterrühren.

2. Mehl, Speisestärke, Kakao, Backpulver und 1 Prise Salz vermischen und kurz, aber sorgfältig unter den Teig rühren.

3. Teig in die Muffinmulden verteilen und im vorgeheizten Backofen ca. 20–25 Minuten backen. Stäbchenprobe machen, am Holzstäbchen darf kein flüssiger Teig haften. Abkühlen lassen.

4. Restliche Cremefine mit Puderzucker steif schlagen. Mit einem Löffel oder Messer auf die Cupcakes streichen. Cupcakes mit Marzipanmöhren und Schokotropfen zu einem Schneemann dekorieren.

Saftig & obstig

ERDBEER-CUPCAKES

Zutaten für 12 Stück

500 g Erdbeeren, 80 g weiße Schokolade, 125 g Margarine (z. B. von Rama),
125 g Zucker, 2 Pck. Vanillezucker, 2 Eier, 200 g Mehl, 2 TL Backpulver,
Salz, 200 g Frischkäse, 1 EL Erdbeermarmelade,
250 g Cremefine zum Aufschlagen 19 % Fett (von Rama), 25 g Puderzucker

Zubereitungszeit *ca. 1 Std. und 10 Min.*

1. Backofen auf 200 °C (Umluft: 180 °C) vorheizen. Mulden eines Muffinblechs mit Papier-backförmchen auslegen. 150 Gramm Erdbeeren waschen und in kleine Stücke schneiden. Schokolade grob hacken. Margarine, Zucker und 1 Päckchen Vanillezucker mit den Quirlen des Handrührgeräts zu einer glatten Masse verrühren. Eier einzeln sorgfältig unterschlagen. Mehl, Backpulver und 1 Prise Salz vermischen und unter den Teig rühren. Klein geschnittene Erdbeeren und gehackte Schokolade unterheben.

2. Teig in die Muffinmulden füllen und ca. 20–25 Minuten im vorgeheizten Backofen backen. Stäbchenprobe machen, am Holzstäbchen darf kein flüssiger Teig haften. Cupcakes abkühlen lassen.

3. 150 Gramm Erdbeeren waschen und pürieren. Püree mit 100 Gramm Frischkäse und Erdbeermarmelade glatt rühren. 125 Gramm Cremefine mit ½ Päckchen Vanillezucker steif schlagen und mit dem Schneebesen portionsweise unterheben.

4. Restlichen Frischkäse mit Puderzucker glatt rühren. Restliche Cremefine mit restlichem Vanillezucker aufschlagen und unter die Frischkäse-Puderzucker-Masse rühren. Beide Cremes bis zur Verwendung kalt stellen. Weiße und rosa Creme jeweils in Spritzbeutel füllen und Hälfte der Cupcakes mit weißer, andere Hälfte mit rosa Creme garnieren. Cupcakes mit den übrigen gewaschenen Erdbeeren dekorieren.

BIRNEN-SCHOKO-CUPCAKES

Zutaten für 12 Stück

1 unbehandelte Zitrone, 2 Birnen, 150 g Zucker, 100 ml Apfelsaft,
300 g Zartbitterschokolade, 100 g Butter, 2 Eier, Salz, 150 g Mehl, 1 TL Backpulver,
50 ml Milch, 30 g Haselnüsse (gemahlen), 250 g Sahne

Zubereitungszeit *ca. 1 Std. und 20 Min. + 2 Std. Kühlzeit*

1. Mulden eines Muffinblechs mit Papierbackförmchen auslegen. Zitrone heiß abwaschen, Schale fein reiben und Zitrone auspressen. Birnen schälen, vom Kerngehäuse befreien und in Spalten schneiden.

2. Birnen mit Zitronenschale, 2 Esslöffeln Zitronensaft, 2 Esslöffeln Zucker und Apfelsaft ca. 5 Minuten weich dünsten. Birnen durch ein Sieb abgießen und in Stücke schneiden. Backofen auf 175 °C (Umluft: 155 °C) vorheizen.

3. 50 Gramm Schokolade und Butter im heißen Wasserbad schmelzen und leicht abkühlen lassen. Eier mit übrigem Zucker und 1 Prise Salz schaumig rühren. Butter-Schoko-Mischung unterrühren. Mehl und Backpulver mischen und im Wechsel mit Milch unter den Teig heben. Birnen unterheben. Teig auf die Muffinmulden verteilen und im vorgeheizten Backofen ca. 25 Minuten backen. Abkühlen lassen.

4. Haselnüsse in einer Pfanne ohne Fettzugabe rösten, bis sie beginnen zu duften. Übrige Schokolade grob hacken. Sahne unter Rühren erhitzen, Schokolade damit übergießen und ca. 5 Minuten ruhen lassen. Unter Rühren zu einer homogenen Masse verarbeiten und mindestens 2 Stunden kalt stellen. Aufschlagen und Nüsse unterrühren. Creme in einen Spritzbeutel mit großer Sterntülle geben und auf die Cupcakes auftragen.

BEEREN-MUFFINS MIT WEISSER SCHOKOLADE

Zutaten für 12 Stück

*100 g weiße Schokolade, 300 g Mehl, 2 ½ TL Backpulver, 1 Pck. Vanillezucker,
125 g Butter, 1 Ei, 120 g Zucker, 180 ml Buttermilch, 120 g Himbeeren,
120 g Blaubeeren, 50 g Mandeln (gehobelt)*

Zubereitungszeit *ca. 45 Min.*

1. Backofen auf 180 °C (Umluft: 160 °C) vorheizen. Mulden eines Muffinblechs mit Papierbackförmchen auslegen. Schokolade raspeln.

2. Mehl und Backpulver in eine Schüssel sieben und mit Vanillezucker und Schokoladenraspeln vermischen.

3. Butter mit Ei, Zucker und Buttermilch verrühren. Eimischung zur Mehlmischung geben und verrühren. Himbeeren und Blaubeeren vorsichtig unterheben.

4. Teig in die Muffinmulden füllen und mit Mandeln bestreuen. Muffins im vorgeheizten Backofen ca. 20–25 Minuten goldbraun backen und abkühlen lassen.

HIMBEER-MUFFINS MIT BAISERHÄUBCHEN

Zutaten für 12 Stück

125 g Margarine (z. B. Sanella), 125 g Zucker, 4 Eier, 250 g Mehl, 3 TL Backpulver,
Salz, 125 ml Milch, 150 g Himbeeren, 100 ml Vanillesirup oder Karamellsirup

Zubereitungszeit *ca. 55 Min.*

1. Backofen auf 200 °C (Umluft: 180 °C) vorheizen. Mulden eines Muffinblechs mit Papier-backförmchen auslegen. Margarine und Zucker mit den Quirlen des Handrührgeräts zu einer glatten Masse schlagen. 2 Eier sorgfältig unterrühren.

2. Mehl, 2 Teelöffel Backpulver und 1 Prise Salz gründlich vermischen und mit der Milch unter den Teig rühren. Himbeeren untermischen. Teig in die Muffinmulden verteilen und Muffins im vorgeheizten Backofen ca. 20–25 Minuten backen. Stäbchenprobe machen, am Holzstäbchen darf kein flüssiger Teig haften. Etwas abkühlen lassen.

3. Backofen auf maximale Oberhitze (Umluft: Maximaltemperatur) vorheizen. Restliche Eier trennen (Eigelbe anderweitig verwenden). Eiweiße mit 1 Prise Salz fast steif schlagen, Sirup in einem dünnen Strahl einfließen lassen und Eischnee komplett steif schlagen. Restliches Backpulver unterschlagen. Kleine Häubchen mit einem Löffel auf die Muffins setzen oder mit einem Spritzbeutel auftragen. Himbeer-Muffins ca. 1 Minute im unteren Drittel des vorge-heizten Backofens backen, sodass die Baiserspitzen ganz leicht gebräunt werden. Abkühlen lassen und servieren.

Keine Früchte mehr am Boden

Wer frische Beeren oder andere Früchte in den Teig geben will, schneidet diese in sehr kleine Stücke und wälzt sie anschließend in Mehl. Das verhindert, dass die Früchte während des Backens zu Boden sinken.

HIMBEER–BANANEN–CUPCAKES

Zutaten für 12 Stück

1 Ei, 115 g Zucker, 1 Pck. Vanillezucker, 250 g Joghurt,
80 g weiche Butter, 2 Bananen, 280 g Mehl, 3 TL Backpulver,
200 g Himbeeren, 200 g Sahne, 1–2 EL Eierlikör

Zubereitungszeit *ca. 45 Min.*

1. Mulden eines Muffinblechs mit Papierbackförmchen auslegen. Backofen auf 180 °C (Umluft: 160 °C) vorheizen.

2. Ei, 100 Gramm Zucker, Vanillezucker, Joghurt und Butter mit den Quirlen des Handrührgeräts vermengen. Bananen zerdrücken und unterrühren.

3. Mehl mit Backpulver vermischen. Mehlmischung mit der Eimasse kurz verrühren. 150 Gramm Himbeeren behutsam unterheben. Muffinmulden mit Teig füllen. Im vorgeheizten Backofen ca. 25 Minuten backen. Cupcakes abkühlen lassen.

4. Sahne mit restlichem Zucker aufschlagen. Eierlikör unterrühren. Cupcakes damit bestreichen und mit übrigen Himbeeren dekorieren.

PHYSALIS-MUFFINS

Zutaten für 12 Stück

200 g Physalis, 2 Orangen, 2 Eier, 195 g Puderzucker, 75 g flüssige, abgekühlte Butter,
50 g Mehl, 1 TL Backpulver, 1 Pck. Vanillepuddingpulver, 2 EL Zitronensaft

Zubereitungszeit *ca. 50 Min.*

1. Mulden eines Muffinblechs mit Papierbackförmchen auslegen. Backofen auf 180 °C (Umluft: 160 °C) vorheizen. Physalis waschen und 12 Früchte für die Garnitur beiseitelegen. Restliche Physalis von den Blättern befreien. Orangen auspressen und 75 Milliliter Saft abmessen.

2. Eier mit 120 Gramm Puderzucker schaumig rühren. Flüssige Butter und Orangensaft unterrühren. Mehl, Backpulver und Puddingpulver mischen und ebenfalls unterrühren.

3. Teig gleichmäßig auf die Muffinmulden verteilen. Physalis auf den Muffins verteilen. Im vorgeheizten Backofen ca. 20–25 Minuten backen und abkühlen lassen.

4. Restlichen Puderzucker mit Zitronensaft zu einem Zuckerguss verrühren. Muffins mit Zuckerguss und beiseitegestellten Physalis dekorieren.

SCHWARZWÄLDER-KIRSCH-CUPCAKES

Zutaten für 12 Stück

*50 g Zartbitterschokolade, 100 g Butter, 130 g Zucker, 2 Eier, 180 g Mehl,
1 TL Backpulver, Salz, 3 EL Kakaopulver, 100 ml Milch,
½ Glas Schattenmorellen, 2 EL Speisestärke, 1 EL Kirschwasser, 400 g Sahne,
1 Pck. Vanillezucker, 1 Pck. Sahnesteif, 2 EL Schokoladenraspel*

Zubereitungszeit *ca. 1 Std. und 10 Min.*

1. Mulden eines Muffinblechs mit Papierbackförmchen auslegen. Backofen auf 180 °C (Umluft: 160 °C) vorheizen. Schokolade klein hacken. Butter mit gehackter Schokolade im heißen Wasserbad schmelzen und abkühlen lassen.

2. Abgekühlte Schokoladenbutter mit Zucker schaumig rühren und Eier einzeln unterschlagen. Mehl mit Backpulver, 1 Prise Salz und Kakaopulver mischen, über die Eimasse sieben und mit Milch unterrühren.

3. Teig in die Muffinmulden verteilen und ca. 20 Minuten im vorgeheizten Backofen backen. Cupcakes abkühlen lassen. Mit einem Teelöffel oder einem Apfelausstecher ein Loch in die Cupcakes stechen.

4. 150 Milliliter Kirschsaft aus dem Glas mit Speisestärke glatt rühren. Hälfte der Kirschen mit etwas Saft erhitzen. Angerührte Speisestärke unter Rühren zugeben. So lange weiterrühren, bis die Flüssigkeit gebunden ist. Kirschwasser unterrühren und Masse in die ausgehöhlten Cupcakes füllen.

5. Sahne mit Vanillezucker und Sahnesteif steif schlagen, in einen Spritzbeutel füllen auf die Cupcakes auftragen. Mit Schokoladenraspeln und je einer Kirsche verzieren.

MIRABELLEN-TARTELETTEN

Zutaten für 6 Stück

*1 Ei, 100 g Butter und etwas Fett für die Förmchen,
175 g Mehl und etwas Mehl für die Arbeitsfläche, 70 g Puderzucker,
Salz, 1 kg Mirabellen, 3 EL brauner Zucker*

Zubereitungszeit *ca. 1 Std. + 30 Min. Kühlzeit*

1. 1 Ei trennen. 75 Gramm Butter in Stückchen schneiden. Mehl, Puderzucker, Butter, Eigelb und 1 Prise Salz mit dem Knethaken des Handrührgeräts und mit den Händen zu einem glatten Teig verkneten. In Folie wickeln und ca. 30 Minuten kalt stellen.

2. Backofen auf 200 °C (Umluft: 180 °C) vorheizen. 6 Tarteförmchen einfetten. Teig in 6 gleich große Portionen teilen. Jede davon auf einer bemehlten Arbeitsfläche dünn rund ausrollen. Förmchen mit Teig auslegen, mehrmals mit einer Gabel einstechen und kalt stellen.

3. Mirabellen waschen, entkernen und in die Förmchen verteilen. Restliche Butter erhitzen und schmelzen lassen. Mirabellen mit flüssiger Butter bepinseln und mit braunem Zucker bestreuen. Im vorgeheizten Backofen ca. 25 Minuten backen. Leicht abkühlen lassen und Tarteletten aus den Förmchen lösen. Auf einem Kuchengitter auskühlen lassen.

APFEL–MUFFINS MIT WALNÜSSEN

Zutaten für 12 Stück

*etwas Fett für das Muffinblech, 60 g Walnusskerne, 1 Apfel,
280 g Mehl, 3 TL Backpulver, ½ TL Zimt, 2 EL Krokant, 80 g weiche Butter,
1 Ei, 100 g Zucker, 150 g Sahne, 150 ml Apfelsaft*

Zubereitungszeit *ca. 40 Min.*

1. Muffinblech einfetten und ins Tiefkühlfach stellen. Walnusskerne grob hacken. Apfel waschen, vierteln, entkernen und in Stücke schneiden. Backofen auf 180 °C (Umluft: 160 °C) vorheizen.

2. Mehl mit Backpulver, Zimt und Krokant mischen. Butter, Ei, Zucker, Sahne und Apfelsaft mit den Quirlen des Handrührgeräts verrühren. Mehlmischung mit der Eimasse kurz verrühren. Apfel und Walnüsse untermischen.

3. Teig gleichmäßig auf die Muffinmulden verteilen. Muffins im vorgeheizten Backofen ca. 25 Minuten backen. Muffins ca. 5 Minuten im Blech ruhen lassen, herausnehmen und auf einem Kuchengitter vollständig abkühlen lassen.

MANGO-PFIRSICH-TÖRTCHEN

Zutaten für 12 Stück

250 g Mehl, 125 g Margarine (z. B. Sanella), 70 g Puderzucker,
Salz, 1 Ei, 100 g Zartbitterkuvertüre, 500 g Magerquark, 1 Pck. Vanillezucker,
1 Mango, 500 g Pfirsiche

Zubereitungszeit *ca. 45 Min. + 30 Min. Kühlzeit*

1. Mehl, Margarine, Puderzucker, 1 Prise Salz und Ei mit den Knethaken des Handrührgeräts und den Händen zu einem glatten Teig verkneten. Teigkugel in Folie wickeln und ca. 30 Minuten kalt stellen.

2. Backofen auf 200 °C (Umluft: 180 °C) vorheizen. Mürbeteig ausrollen und Kreise ausstechen (12 Zentimeter Durchmesser). Teigkreise auf umgedrehte feuerfeste Tassen legen und im vorgeheizten Backofen ca. 13 Minuten backen. Vorsichtig von den Tassen lösen und auskühlen lassen. Kuvertüre im Wasserbad schmelzen und Böden dünn damit ausstreichen.

3. Für die Füllung Quark und Vanillezucker glatt rühren. Mango schälen, Fruchtfleisch vom Kern lösen und klein schneiden. Pfirsiche ca. 2 Minuten in kochendes Wasser legen. Herausnehmen und kurz unter kaltem Wasser abschrecken, Schale abziehen. Pfirsiche halbieren und entsteinen. Zwei Drittel des Obstes pürieren und unter den Quark heben.

4. Wenn die Kuvertüre fest ist, Creme auf die Böden geben und Törtchen mit restlichem Obst dekorieren.

BLAUBEER-MUFFINS IM GLAS

Zutaten für 10 Stück

200 g Butter, 200 g Zucker, 4 Eier, 2 TL Backpulver, 350 g Mehl,
Salz, 100 ml Milch, 125 g Blaubeeren

Zubereitungszeit *ca. 1 Std.*

1. Backofen auf 180 °C (Umluft: 160 °C) vorheizen. Butter und Zucker mit den Quirlen des Handrührgeräts cremig aufschlagen. Eier einzeln unterschlagen.

2. Backpulver, Mehl und 1 Prise Salz mischen und abwechselnd mit der Milch unter den Teig rühren. Blaubeeren unterheben.

3. Teig in feuerfeste Gläser füllen. Muffins im vorgeheizten Backofen ca. 40–45 Minuten backen (Stäbchenprobe machen) und abkühlen lassen.

JOHANNISBEER-CUPCAKES

Zutaten für 12 Stück

*200 g rote Johannisbeeren, 1 unbehandelte Limette, 180 g Mehl, 100 g Zucker,
1 ½ TL Backpulver, Salz, 1 Ei, 250 ml Milch, 1 EL Honig, 150 g Frischkäse,
2 EL Puderzucker, 2 EL Kokosmilch, 200 g Sahne, 1 Pck. Sahnesteif*

Zubereitungszeit *ca. 55 Min.*

1. Johannisbeeren waschen und in einem Sieb abtropfen lassen. 12 Rispen für die Garnitur beiseitelegen. Übrige Beeren abstreifen. Backofen auf 180 °C (Umluft: 160 °C) vorheizen.

2. Limette heiß abwaschen und abtrocknen. 2 Teelöffel Schale abreiben und 1 Teelöffel Saft auspressen. Limettenschale mit Mehl, Zucker, Backpulver und 1 Prise Salz mischen. Ei, Milch und Honig zugeben und alles verrühren.

3. Mulden eines Muffinblechs mit Papierbackförmchen auslegen. Teig gleichmäßig in die Muffinmulden füllen. Im vorgeheizten Backofen ca. 20–25 Minuten backen und abkühlen lassen.

4. Johannisbeeren pürieren und durch ein Sieb streichen. Mit Limettensaft, Frischkäse, Puderzucker, Kokosmilch und restlicher abgeriebener Limettenschale verrühren. Sahne mit Sahnesteif steif schlagen und unterheben. Creme in einen Spritzbeutel füllen und auf die Cupcakes spritzen. Johannisbeerrispen darauf verteilen.

Frostingtechniken

Um die leckeren Toppings formschön auf Cupcakes aufzutragen, bieten sich Spritztüllen an. Besonders mit der Sterntülle und der Lochtülle lassen sich sehr schöne Toppings zaubern. Um z. B. eine Rosenoptik zu erzeugen, verwendet man die Sterntülle und spritzt das Frosting von innen nach außen auf. Umgekehrt von außen nach innen gespritzt, entsteht eine hübsche Haube, die sich dekorativ in die Höhe schraubt. Damit die Toppings gelingen, sollte man darauf achten, dass die Creme gut gekühlt ist und man beim Aufspritzen gleichmäßig Druck auf sie ausübt.

SCHOKO–BROMBEER–CUPCAKES

Zutaten für 20 Stück

*250 g Butter, 250 g Mehl, 2 TL Backpulver, 100 g Zartbitterschokolade,
2 Eier, 150 g Zucker, 200 g saure Sahne, 40 Brombeeren,
300 g Puderzucker und etwas Puderzucker zum Bestäuben, 25 g Schlagsahne (nach Bedarf),
200 g Frischkäse Doppelrahmstufe, 20 Minzeblättchen*

Zubereitungszeit *ca. 55 Min. + 30 Min. Ruhezeit*

1. Backofen auf 180 °C (Umluft: 160 °C) vorheizen. 150 Gramm Butter erhitzen und schmelzen lassen. Mehl mit Backpulver mischen. Schokolade fein hacken und im Wasserbad schmelzen lassen.

2. Eier, Zucker und saure Sahne verrühren, bis eine cremige Masse entstanden ist. Geschmolzene Butter, Mehlmischung und Schokolade zugeben und verrühren.

3. Mulden eines Muffinblechs mit Papierbackförmchen auslegen. Teig in die Muffinmulden geben und je 1 gewaschene Brombeere in die Mitte setzen. Im vorgeheizten Backofen ca. 15–20 Minuten backen. Cupcakes abkühlen lassen.

4. Restliche weiche Butter ca. 1 Minute mit dem Handrührgerät cremig rühren. 200 Gramm Puderzucker zugeben und ca. 2 Minuten aufschlagen, restlichen Puderzucker ebenfalls einrühren. Bei Bedarf Sahne zugeben und ca. 1 Minute weiterrühren. Kalten Frischkäse unterheben. Ca. 30 Minuten im Kühlschrank ruhen lassen. Creme in einen Spritzbeutel füllen und auf die Cupcakes auftragen. Jeden Cupcake mit 1 gewaschenen Brombeere und Minzeblättchen garnieren und nach Belieben mit Puderzucker bestäuben.

ERDBEER-RICOTTA-MUFFINS

Zutaten für 12 Stück

*etwas Fett für die Form, 10 Amarettini, 100 g Ricotta, 150 g Erdbeeren,
250 g Mehl, 3 TL Backpulver, 80 g weiche Butter, 100 g Zucker, 1 Ei,
½ TL Zitronenabrieb, 1 Pck. Vanillezucker, 150 g Vanillejoghurt, 150 g Naturjoghurt*

Zubereitungszeit *ca. 55 Min.*

1. Backofen auf 180 °C (Umluft: 160 °C) vorheizen. Mulden eines Muffinblechs einfetten und Muffinblech ins Tiefkühlfach stellen. Amarettini zerbröseln und mit Ricotta verrühren. Erdbeeren waschen, Stielansatz entfernen und Erdbeeren klein schneiden. Vorsichtig unter die Ricottamischung heben.

2. Mehl mit Backpulver mischen. Butter, Zucker, Ei, Zitronenabrieb, Vanillezucker und beide Joghurts mit den Quirlen des Handrührgeräts verrühren.

3. Mehlmischung zur Eimischung geben und so lange rühren, bis die trockenen Zutaten Flüssigkeit aufgenommen haben.

4. Muffinmulden zur Hälfte mit Teig füllen. Ricotta-Erdbeer-Masse darauf verteilen. Übrigen Teig daraufgeben. Im vorgeheizten Backofen ca. 25 Minuten backen.

RHABARBER–BANANEN–MUFFINS

Zutaten für 12 Stück

300 g Rhabarber, 200 g Mehl, 1 Pck. Vanillezucker, 150 g Zucker, 2 TL Backpulver,
100 g Mandeln (gemahlen), 1 TL Zitronenabrieb, Salz, 100 ml Öl, 100 ml Milch,
2 Eier, 2 Bananen, 4 EL Zitronensaft, 100 g Puderzucker

Zubereitungszeit *ca. 45 Min.*

1. Backofen auf 180 °C (Umluft: 160 °C) vorheizen. Mulden eines Muffinblechs mit Papier-backförmchen auslegen. Rhabarber waschen und in Würfel schneiden.

2. Mehl, Vanillezucker, Zucker, Backpulver, Mandeln, Zitronenabrieb und 1 Prise Salz mischen. Öl, Milch, Eier, Bananen und 1 Esslöffel Zitronensaft in einem ausreichend hohen Gefäß mit dem Stabmixer pürieren. Mit der Mehlmischung vermengen und glatt rühren.

3. Teig gleichmäßig in die Muffinmulden füllen. Rhabarber darüber verteilen. Im vorgeheiz-ten Backofen ca. 20–25 Minuten backen und auf einem Gitter erkalten lassen.

4. Puderzucker mit restlichem Zitronensaft glatt rühren. Zitronenguss auf den Muffins verstreichen und trocknen lassen.

BLAUBEER-CUPCAKES

Zutaten für 12 Stück

*150 g Blaubeeren, 300 g Mehl, 150 g Puderzucker, 2 TL Backpulver,
Salz, 2 Eier, 3 EL Öl, 100 ml Milch, 1 EL Vanillesirup,
200 g Sahne, 50 g Zucker*

Zubereitungszeit *ca. 55 Min.*

1. Backofen auf 180 °C (Umluft: 160 °C) vorheizen. Mulden eines Muffinblechs mit Papierbackförmchen auslegen. Blaubeeren waschen und abtrocknen.

2. Mehl, Puderzucker, Backpulver und 1 Prise Salz miteinander vermischen. Eier, Öl, Milch und Vanillesirup verrühren. Beide Massen vermengen und glatt rühren. Einige Blaubeeren vorsichtig unterheben.

3. Teig in die Muffinmulden füllen. Cupcakes im vorgeheizten Backofen ca. 25 Minuten backen und abkühlen lassen.

4. Sahne mit Zucker steif schlagen. Creme in einen Spritzbeutel füllen und auf die Cupcakes auftragen. Mit restlichen Blaubeeren garniert servieren.

Festlich & schön

OSTER-CUPCAKES

Zutaten für 12 Stück

*1 unbehandelte Limette, 125 g Margarine (z. B. Sanella), 125 g Zucker,
2 Eier, 175 g Mehl, 1 TL Backpulver, Salz, 2 EL Milch, 75 g Frischkäse,
30 g Puderzucker, 125 g Cremefine (von Rama), grüne Lebensmittelfarbe,
Schokoladeneier und andere Süßigkeiten nach Belieben*

Zubereitungszeit: *ca. 1 Std.*

1. Backofen auf 200 °C (Umluft: 180 °C) vorheizen. Mulden eines Muffinblechs mit Papier-backförmchen auslegen. Limette heiß abspülen. Schale fein abreiben und Saft auspressen.

2. Margarine und Zucker mit den Quirlen des Handrührgeräts zu einer glatten Masse auf-schlagen. Eier einzeln sorgfältig unterschlagen.

3. Mehl, Backpulver und 1 Prise Salz gründlich vermischen und kurz, aber sorgfältig unter den Teig rühren. Limettensaft, Hälfte des Abriebs und Milch unterrühren. Teig in die Muffin-mulden verteilen. Cupcakes im vorgeheizten Backofen ca. 20 Minuten backen. Stäbchenprobe machen, am Holzstäbchen darf kein flüssiger Teig haften. Abkühlen lassen.

4. Frischkäse, Puderzucker und restlichen Limettenabrieb mit dem Schneebesen glatt rühren. Cremefine und Lebensmittelfarbe mit dem Handrührgerät steif schlagen und mit dem Schneebesen portionsweise unter den Frischkäse heben.

5. Frosting mit dem Spritzbeutel in Tupfen so auf die Cupcakes setzen, dass ein „Nest" entsteht. Nach Belieben Schokoladeneier oder andere Süßigkeiten hineinlegen.

PORTWEIN-MUFFINS FÜR LIEBE GÄSTE

Zutaten für 6 Stück

*150 g Brombeeren, 120 g rotes Johannisbeergelee, 120 ml weißer Portwein,
1 Zimtstange, 3 Eier, 1 TL Zitronensaft, Salz, 100 g Zucker,
½ TL Backpulver, 20 g Speisestärke, 20 g Mehl*

Zubereitungszeit: *ca. 50 Min.*

1. Backofen auf 180 °C (Umluft: 160 °C) vorheizen. 6 Mulden eines Muffinblechs mit Papierbackförmchen auslegen. Brombeeren waschen und trocken tupfen. Gelee, Portwein und Zimtstange zum Kochen bringen, kochen, bis sich das Gelee aufgelöst hat, und beiseitestellen.

2. Eier trennen. Eiweiß, Zitronensaft und 1 Prise Salz steif schlagen. 70 Gramm Zucker nach und nach zugeben und weiter aufschlagen. Restlichen Zucker, Backpulver, Stärke und Mehl mischen. Stärkemischung behutsam unter den Eischnee heben.

3. Teig in die Muffinmulden füllen und im vorgeheizten Backofen ca. 25–30 Minuten backen. Im Muffinblech abkühlen lassen.

4. Muffins mit Brombeeren anrichten und Portweinsirup darübergießen. Dazu passt halbsteif geschlagene Vanillesahne.

TIRAMISU-CUPCAKES FÜR DIE KAFFEETAFEL

Zutaten für 12 Stück

*3 Eier, 100 g Zucker, 50 g Mehl, 1 Pck. Vanillezucker, 50 g Speisestärke,
½ TL Backpulver, 250 g Mascarpone, 50 g Puderzucker, 1 Tasse starker Espresso,
100 g Sahne, etwas Kakaopulver zum Bestäuben*

Zubereitungszeit: *ca. 50 Min.*

1. Backofen auf 175 °C (Umluft: 155 °C) vorheizen. Mulden eines Muffinblechs mit Papier-backförmchen auslegen. Eier trennen.

2. Eiweiße sehr steif schlagen. 50 Gramm Zucker nach und nach zugeben und weiter-schlagen, bis sich der Zucker aufgelöst hat. Eigelbe mit restlichem Zucker schaumig schlagen.

3. Mehl, Vanillezucker, Stärke und Backpulver mischen. Zur Eigelbmischung sieben und behutsam untermischen. Eischnee unterheben. Teig gleichmäßig auf die Muffinmulden verteilen und ca. 20 Minuten im vorgeheizten Backofen backen. Cupcakes kurz ruhen lassen, aus der Form nehmen und auf einem Kuchengitter vollständig erkalten lassen.

4. Mascarpone mit gesiebtem Puderzucker luftig aufschlagen. 1 Esslöffel Espresso unter-mischen. Sahne steif schlagen und unter die Mascarponemischung heben.

5. Cupcakes mehrfach mit einer Gabel einstechen und vorsichtig mit restlichem Espresso be-träufeln. Mascarponecreme daraufgeben und verstreichen. Kalt stellen und vor dem Servieren mit etwas Kakaopulver bestäuben.

GLÜCKSPILZ-MUFFINS

Zutaten für 12 Stück

125 g Margarine (z. B. Sanella), 125 g Zucker, 1 Ei, 150 g Mehl,
50 g Haselnüsse (gemahlen), 1 TL Backpulver, Salz, 100 ml Milch,
25 g Haselnüsse (gehackt), 1 Beutel rote Muffinglasur, 60 g Mini-Marshmallows

Zubereitungszeit: *ca. 55 Min.*

1. Backofen auf 200 °C (Umluft: 180 °C) vorheizen. Mulden eines Muffinblechs mit Papierbackförmchen auslegen. Margarine und Zucker mit den Quirlen des Handrührgeräts zu einer glatten Masse aufschlagen. Ei sorgfältig unterschlagen.

2. Mehl, gemahlene Haselnüsse, Backpulver und 1 Prise Salz gründlich vermischen und mit Milch kurz, aber sorgfältig unter den Teig rühren. Gehackte Haselnüsse untermischen. Teig in die Muffinmulden verteilen. Muffins im vorgeheizten Backofen ca. 20 Minuten backen. Stäbchenprobe machen, am Holzstäbchen darf kein flüssiger Teig haften. Abkühlen lassen.

3. Muffins mit der Glasur bestreichen. Mini-Marshmallows in 3 Scheibchen schneiden und als weiße Pünktchen aufsetzen.

Tassen und Teller

Um dem Namen des kleinen Küchleins gerecht zu werden, können Cupcakes auch in hübschen Tee- oder Kaffeetassen serviert werden. Beliebt ist auch die Anordnung auf einem großen Teller, der in den leeren Zwischenräumen mit Blüten und Gräsern dekoriert wird. Auch hier gilt, was die eigentliche Freude an den hübschen Naschereien ausmacht: Der Fantasie sind keine Grenzen gesetzt. Erlaubt ist, was schmeckt und gut aussieht.

NUSSNUGAT-CUPCAKES FÜR FAMILIENFESTE

Zutaten für 12 Stück

160 g weiche Butter, 120 g Zucker, 2 Eier, 120 g Mehl,
½ TL Backpulver, 1 EL Kakaopulver, 160 g Nussnugatcreme,
200 g Puderzucker, Haselnusskrokant

Zubereitungszeit: *ca. 50 Min.*

1. Backofen auf 170 °C (Umluft: 150 °C) vorheizen. Mulden eines Muffinblechs mit Papierbackförmchen auslegen.

2. 100 Gramm weiche Butter mit Zucker cremig rühren. Eier einzeln unterschlagen. Mehl mit Backpulver und Kakao vermischen und mit der Butter-Ei-Mischung verrühren. 100 Gramm Nussnugatcreme unterheben.

3. Teig gleichmäßig auf die Muffinmulden verteilen und im vorgeheizten Backofen ca. 20 Minuten backen. Abkühlen lassen.

4. Restliche Butter mit gesiebtem Puderzucker sehr cremig rühren. Restliche Nussnugatcreme untermischen. In einen Spritzbeutel mit großer Tülle geben und auf den Cupcakes verteilen. Cupcakes mit Krokant bestreut servieren.

SOMMERLICHE HIMBEER-TARTELETTEN

Zutaten für 8 Stück

*250 g Mehl und etwas Mehl für die Arbeitsfläche, 60 g Zucker, Salz, 1 Ei,
125 g Butter und etwas Fett für die Form, Hülsenfrüchte zum Blindbacken,
300 g weiße Kuvertüre, 200 g Sahne, 300 g Mascarpone,
200 g Himbeermarmelade, 8 Himbeeren*

Zubereitungszeit: *ca. 55 Min. + 30 Min. Kühlzeit*

1. Mehl, Zucker und 1 Prise Salz vermischen und eine Mulde in die Mitte der Mischung drücken. Ei hineingeben und Butter in Flöckchen rundherum verteilen. Mit den Händen zu einem homogenen Teig verkneten, zur Kugel formen und in Frischhaltefolie wickeln. Mindestens 30 Minuten im Kühlschrank kalt stellen.

2. Backofen auf 180 °C (Umluft: 160 °C) vorheizen. Tarteletteförmchen einfetten. Teig in 8 gleich große Portionen teilen. Auf einer bemehlten Arbeitsfläche etwas größer als die Förmchen ausrollen. Teig in die Förmchen geben und Boden mit einer Gabel mehrfach einstechen. Mit Backpapier und Hülsenfrüchten bedecken und im vorgeheizten Backofen ca. 15 Minuten blindbacken.

3. Kuvertüre grob hacken. Sahne aufkochen lassen, vom Herd nehmen, Kuvertüre zugeben und unter Rühren schmelzen lassen. Mischung so weit erkalten lassen, dass sie gerade noch eine cremige Konsistenz hat. Mascarpone nach und nach zugeben und alles cremig rühren.

4. Marmelade gleichmäßig auf den Tartletteböden verstreichen. Creme in einen Spritzbeutel mit runder Tülle füllen und auf die Tarteletten auftragen. Himbeeren verlesen, waschen und trocken tupfen. Je eine Himbeere in die Mitte jedes Tartelette setzen.

GEBURTSTAGS-CUPCAKES

Zutaten für 12 Stück

*180 g Mehl, 1 TL Backpulver, Salz, 50 g weiche Butter, 220 g Zucker,
2 Eier, 1 EL Vanillezucker, 120 ml Milch, 250 g Sahne,
120 g Puderzucker, 1 Pck. Sahnesteif, rosa Lebensmittelfarbe,
rosa Zuckerperlen, 1 kleine Geburtstagskerze*

Zubereitungszeit: *ca. 50 Min.*

1. Backofen auf 180 °C (Umluft: 160 °C) vorheizen. Mulden eines Muffinblechs mit Papierbackförmchen auslegen.

2. Mehl, Backpulver und 1 Prise Salz vermischen. Butter, Zucker, Eier und Vanillezucker schaumig rühren. Milch zugießen und Mehlmischung behutsam unterheben.

3. Teig gleichmäßig in die Muffinmulden füllen und ca. 25–30 Minuten im vorgeheizten Backofen backen. Auskühlen lassen.

4. Sahne halbsteif schlagen. Puderzucker und Sahnesteif unterrühren. Etwas Lebensmittelfarbe zufügen und unterrühren. Creme in einen Spritzbeutel mit Sterntülle füllen und auf den Cupcakes verteilen. Mit Zuckerperlen dekorieren und mit einer Geburtstagskerze schmücken.

LAVENDEL-MANDEL-CUPCAKES

Zutaten für 12 Stück

*50 g Mandeln (gemahlen), 125 g weiche Butter, 140 g Zucker, 1 Pck. Vanillezucker,
2 Eier, 200 g Mehl, 1 TL Backpulver, Salz, 150 ml Milch, 120 g Puderzucker,
175 g Frischkäse, 2 EL getrocknete Lavendelblüten, Zuckerperlen*

Zubereitungszeit: *ca. 50 Min.*

1. Mandeln in einer Pfanne ohne Fettzugabe unter Rühren goldbraun anrösten. Aus der Pfanne nehmen und abkühlen lassen. Backofen auf 180 °C (Umluft: 160 °C) vorheizen. Mulden eines Muffinblechs mit Papierbackförmchen auslegen.

2. 50 Gramm weiche Butter, Zucker und Vanillezucker mit den Quirlen des Handrührgeräts gut verrühren. Eier nacheinander unterschlagen.

3. Mehl und Backpulver mischen und sieben. Geröstete Mandeln und ½ Teelöffel Salz untermischen. Mehlmischung und Milch abwechselnd vorsichtig unter die Butter-Ei-Mischung rühren, sodass ein glatter Teig entsteht. Teig in die Muffinmulden geben und im vorgeheizten Backofen ca. 25–30 Minuten goldbraun backen.

4. Puderzucker sieben und mit restlicher Butter, Frischkäse und 1 Prise Salz mit den Quirlen des Handrührgeräts zu einer glatten Creme verrühren. Lavendelblüten fein hacken und unter die Butter-Frischkäse-Creme rühren. Creme im Kühlschrank fest werden lassen.

5. Cupcakes aus dem Ofen nehmen und abkühlen lassen. Creme in einen Spritzbeutel füllen und auf die Cupcakes auftragen. Mit Zuckerperlen dekorieren.

FESTLICHE MOZART-MUFFINS

Zutaten für 12 Stück

100 g Haselnüsse (gehackt), 3 Eier, 100 g Marzipanrohmasse, 250 Mehl, 2 ½ TL Backpulver,
2 TL Kakaopulver, Salz, 100 g Schokoladenstreusel, 100 g Haselnüsse (gemahlen),
100 g Zucker, 125 g weiche Butter, 250 ml Buttermilch, 70 g Nugatmasse

Zubereitungszeit: *ca. 45 Min.*

1. Haselnüsse in einer Pfanne ohne Fettzugabe anrösten und abkühlen lassen. 1 Ei trennen. Marzipan grob raspeln, mit 1 Eiweiß und 50 Gramm gerösteten Nüssen verrühren. Backofen auf 200 °C (Umluft: 180 °C) vorheizen. Mulden eines Muffinblechs mit Papierbackförmchen auslegen.

2. Mehl mit Backpulver und Kakao sieben. Mit 1 Prise Salz, Schokoladenstreuseln und gemahlenen Haselnüssen mischen. Restliche Eier, Zucker und Eigelb mit den Quirlen des Handrührgeräts cremig rühren. Butter und Buttermilch unterrühren. Mehlmischung zugeben und kurz unterrühren.

3. Teig in die Muffinmulden verteilen. In die Mitte jeweils eine Vertiefung drücken und Marzipanmischung hineingeben. Im vorgeheizten Backofen ca. 20–25 Minuten backen. Aus dem Muffinblech lösen und abkühlen lassen.

4. Nugat fein hacken und über einem Wasserbad schmelzen lassen. Muffins damit bestreichen und mit restlichen gerösteten Nüssen bestreuen.

HALLOWEEN-CUPCAKES

Zutaten für 12 Stück

*300 g weiche Butter, 2 Pck. Vanillezucker, 125 g Zucker, 2 Eier, 100 g Mehl,
1 TL Backpulver, 40 g Backkakao, Salz, 125 ml Buttermilch, 450 g Puderzucker,
150 g Sahne, 12 Marzipankürbisse*

Zubereitungszeit: *ca. 50 Min.*

1. Backofen auf 180 °C (Umluft: 160 °C) vorheizen. Mulden eines Muffinblechs mit Papierbackförmchen auslegen.

2. 100 Gramm Butter, 1 Päckchen Vanillezucker und Zucker schaumig schlagen. Eier zugeben und unterschlagen. Mehl, Backpulver, Kakao und 1 Prise Salz vermischen. Im Wechsel mit Buttermilch zur Eimischung geben und zu einem glatten Teig verrühren.

3. Teig auf die Muffinmulden verteilen und im vorgeheizten Backofen ca. 20–25 Minuten backen. Abkühlen lassen.

4. Restliche weiche Butter schaumig rühren. Gesiebten Puderzucker unterrühren. Sahne, restlichen Vanillezucker und 1 Prise Salz zugeben. Creme in einen Spritzbeutel füllen und auf die Cupcakes aufspritzen. Mit Marzipankürbissen dekorieren.

HERBSTLICHE KÜRBIS-CUPCAKES

Zutaten für 12 Stück

1 Butternusskürbis, 65 g Walnusskerne, etwas Fett für die Form, 270 g Mehl,
1 Msp. Zimtpulver, 1 Pck. Backpulver, 100 ml Buttermilch, 100 g weiche Butter,
½ TL Salz, 170 g brauner Zucker, 3 Eier, 150 g Magerquark, 200 g Frischkäse,
2 EL Puderzucker, brauner Zucker

Zubereitungszeit: *ca. 2 Std.*

1. Backofen auf 200 °C (Umluft: 180 °C) vorheizen. Kürbis halbieren und mit einem Esslöffel von Kernen befreien. Kürbis im vorgeheizten Backofen ca. 55 Minuten backen, bis das Kürbisfleisch weich geworden ist. Herausnehmen und abkühlen lassen. Kürbisfleisch mit dem Stabmixer fein pürieren.

2. Walnüsse grob hacken. Mulden eines Muffinblechs einfetten und Walnüsse hineinstreuen. Mehl, Zimt und Backpulver mischen. 300 Gramm Kürbispüree mit Buttermilch verrühren. Backofen auf 180 °C (Umluft: 160 °C) vorheizen.

3. Butter, Salz und Zucker mit den Quirlen des Handrührgeräts schaumig schlagen. Eier nacheinander zugeben und unterschlagen. Mehl- und Kürbismischung abwechselnd unterrühren.

4. Teig in die Muffinmulden füllen und im vorgeheizten Backofen ca. 30 Minuten backen. Abkühlen lassen.

5. Magerquark, Frischkäse und Puderzucker mit den Quirlen des Handrührgeräts cremig rühren. In einen Spritzbeutel mit Sterntülle füllen und auf die Cupcakes auftragen. Mit braunem Zucker bestreut servieren.

KOKOS-INGWER-CUPCAKES ZUM ADVENT

Zutaten für 12 Stück

*2 unbehandelte Limetten, 60 g Ingwer, 200 g weiche Butter, 400 g Zucker, Salz,
6 Eier, 250 g Mehl, 50 g Kokosflocken, 2 TL Backpulver, 8 EL Kokosmilch*

Zubereitungszeit: *ca. 1 Std. und 15 Min.*

1. Backofen auf 170 °C (Umluft: 150 °C) vorheizen. Mulden eines Muffinblechs mit Papier-backförmchen auslegen. Limetten heiß waschen. Von 1 Limette die Schale fein abreiben. Beide Limetten auspressen. Ingwer schälen und fein reiben.

2. Butter, 250 Gramm Zucker, Limettenschale, 1 Prise Salz und Ingwer mit den Quirlen des Handrührgeräts cremig rühren. 4 Eier einzeln zugeben und unterschlagen. Mehl, Kokosflocken und Backpulver vermischen und abwechselnd mit Kokosmilch unter die Buttermischung heben. Teig in die Muffinmulden füllen und im vorgeheizten Backofen ca. 30–40 Minuten backen. Cupcakes mit Limettensaft beträufeln, gut durchziehen und abkühlen lassen.

3. 40 Milliliter Wasser und 120 Gramm Zucker sirupartig einkochen lassen. Restliche Eier trennen. Eiweiße mit den Quirlen des Handrührgeräts halbsteif schlagen und restlichen Zucker nach und nach einrieseln lassen. Zuckersirup langsam unter Rühren zugießen und alles mit dem Handrührgerät vermischen.

4. Eischnee in einen Spritzbeutel mit großer Lochtülle geben und auf jeden Cupcake mehrere Eischneezipfel aufspritzen. Mit einem Flambierbrenner goldbraun flambieren.

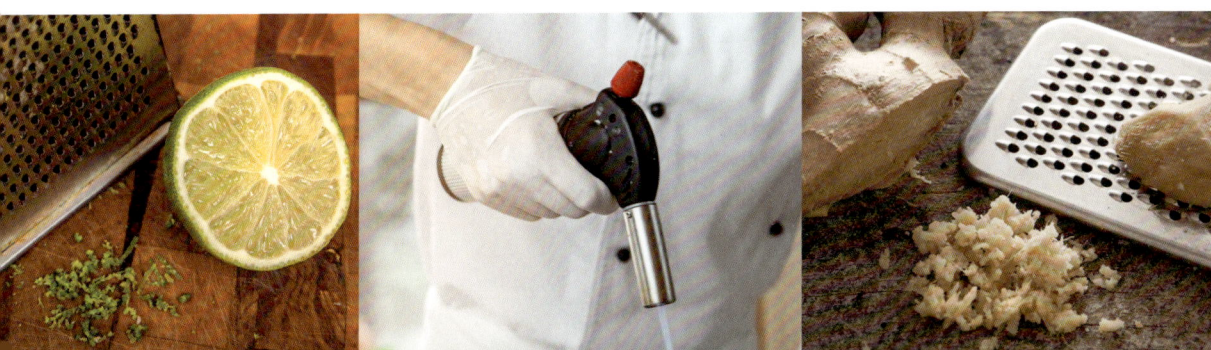

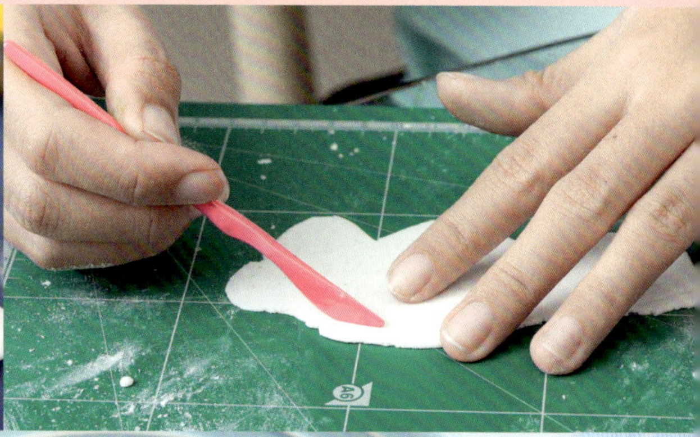

Kreatives mit Fondant

Bei Fondant handelt es sich um eine weiche Zuckermasse, die ideal für Verzierungen aller Art verwendet werden kann. Sie lässt sich dünn ausrollen und weiterverarbeiten. Ob feine Blüten und Blätter oder ausgefallene Figuren und Formen, der Kreativität sind hier keine Grenzen gesetzt. Fondant ist in den verschiedensten Farben erhältlich, weißer Fondant lässt sich außerdem gut mit Lebensmittelfarben selbst einfärben.

MUTTERTAGS-CUPCAKES

Zutaten für 12 Stück

300 g Butter, 210 g Zucker, 4 Eier, abgeriebene Schale und Saft von 1 unbehandelten Limette,
175 g Mehl, 40 g Mandeln (gemahlen), ½ TL Backpulver, 120 g Frischkäse,
1 EL Himbeersirup, 150 g Puderzucker, rosa Zuckerperlen

Zubereitungszeit: *ca. 50 Min.*

1. Backofen auf 180 °C (Umluft: 160 °C) vorheizen. Mulden eines Muffinblechs mit Papierbackförmchen auslegen.

2. 175 Gramm Butter und 150 Gramm Zucker schaumig rühren. Eier mit Limettenabrieb und -saft verschlagen und mit Mehl, Mandeln und Backpulver unter die Buttermischung rühren. Teig in die Muffinmulden füllen und im vorgeheizten Backofen ca. 25 Minuten goldbraun backen. Abkühlen lassen.

3. Restliche Butter mit restlichem Zucker cremig rühren. Frischkäse und Sirup unterrühren. So viel Puderzucker unterrühren, dass eine spritzfähige Masse entsteht. Creme in einen Spritzbeutel mit Sterntülle füllen und auf die Cupcakes auftragen. Mit Zuckerperlen dekoriert servieren.

MARZIPANSTOLLEN-MUFFINS

Zutaten für 12 Stück

*150 g weiche Butter, 100 g Zucker, 2 Eier, 2 TL Backpulver, 200 g Mehl,
150 ml Milch, 50 g Marzipanrohmasse, 30 g Cranberrys, 50 g Mandeln (gehackt),
30 g Rosinen, 50 g Orangeat, 50 g Zitronat, 3 EL Puderzucker*

Zubereitungszeit: *ca. 50 Min.*

1. Backofen auf 180 °C (Umluft: 160 °C) vorheizen. Mulden eines Muffinblechs mit Papierbackförmchen auslegen.

2. 125 Gramm weiche Butter, Zucker und Eier mit den Quirlen des Handrührgeräts zu einer glatten Masse verrühren. Backpulver und Mehl gut mischen und mit Milch unter die Buttermischung rühren.

3. Marzipanrohmasse klein würfeln und mit Cranberrys, Mandeln, Rosinen, Orangeat und Zitronat unter den Teig mengen. Teig in die Muffinmulden füllen und im vorgeheizten Backofen ca. 30 Minuten backen.

4. Restliche Butter schmelzen lassen. Muffins noch warm mit geschmolzener Butter bestreichen und mit Puderzucker bestreuen.

WINTER-CUPCAKES MIT WEISSEM FROSTING

Zutaten für 12 Stück

175 g weiche Butter, 100 g Zucker, 2 Eier, 250 g Mehl,
2 TL Lebkuchengewürz, 1 TL Backpulver, 125 ml Milch, 200 g Frischkäse,
50 g Puderzucker, 25 g weiße Schokolade

Zubereitungszeit: *ca. 50 Min.*

1. Backofen auf 200 °C (Umluft: 180 °C) vorheizen. Mulden eines Muffinblechs mit Papierbackförmchen auslegen.

2. 125 Gramm Butter, Zucker und Eier mit den Quirlen des Handrührgeräts zu einer homogenen Masse verschlagen. Mehl, Lebkuchengewürz und Backpulver gut miteinander vermischen und mit Milch unter die Buttermischung mengen. Gleichmäßig in die Muffin-mulden verteilen und im vorgeheizten Backofen ca. 20 Minuten backen. Abkühlen lassen.

3. Frischkäse, restliche Butter und Puderzucker mit dem Handrührgerät zu einer glatten Creme verrühren und bis zur Verwendung im Kühlschrank kalt stellen. Schokolade grob raspeln. Cupcakes mit Creme bestreichen und mit Schokolade bestreuen.

TANNENBAUM–CUPCAKES

Zutaten für 12 Stück

*100 g Zartbitterschokolade, 250 g Mehl, 2 EL Kakaopulver, 150 g Zucker,
2 TL Backpulver, 90 ml Öl, 250 ml Milch, 1 Ei, 250 g Butter, 500 g Puderzucker,
etwas Vanillezucker, grüne Lebensmittelfarbe, Zuckerperlen, Zuckersterne*

Zubereitungszeit: *ca. 50 Min.*

1. Backofen auf 180 °C (Umluft: 160 °C) vorheizen. Mulden eines Muffinblechs mit Papierbackförmchen auslegen. Schokolade fein hacken.

2. Mehl, Kakao, Zucker und Backpulver vermischen. Öl, Milch und Ei zugeben und unterschlagen. Gehackte Schokolade unterheben und Teig gleichmäßig auf die Muffinmulden verteilen. Im vorgeheizten Backofen ca. 15–20 Minuten backen. Abkühlen lassen.

3. Butter, gesiebten Puderzucker und Vanillezucker verrühren. Lebensmittelfarbe zufügen und so lange mischen, bis sich die Farbe gleichmäßig verteilt hat.

4. Creme in einen Spritzbeutel mit großer Sterntülle füllen. Cupcakes von der Mitte aus immer größer und höher werdend mit der Creme bespritzen, sodass sich die Form eines Tannenbaums ergibt. Nach Belieben mit Zuckerperlen und Zuckersternen dekorieren.

Herzhaft & würzig

ZUCCHINI-SCHAFSKÄSE-CUPCAKES

Zutaten für 12 Stück

1 Zucchini, 100 g Schafskäse, 1 Bund Schnittlauch,
125 g Margarine (z. B. Sanella), 2 Eier, 250 g Mehl, 2 TL Backpulver,
1 TL Salz, 125 ml Milch, 2 Schälchen Kresse, 100 g Frischkäse

Zubereitungszeit: *ca. 50 Min.*

1. Backofen auf 200 °C (Umluft: 180 °C) vorheizen. Mulden eines Muffinblechs mit Papierbackförmchen auslegen. Zucchini waschen, halbieren, entkernen und in Würfel schneiden. Schafskäse ebenfalls in Würfel schneiden. Schnittlauch waschen, trocken schütteln und in Ringe schneiden.

2. Margarine und Eier mit den Quirlen des Handrührgeräts aufschlagen. Mehl, Backpulver und Salz vermischen. Im Wechsel mit der Milch unterrühren. Zucchini, Schafskäse und Schnittlauch unterheben.

3. Teig in die Muffinmulden füllen und ca. 20–25 Minuten im vorgeheizten Backofen backen. Stäbchenprobe machen, am Holzstäbchen darf kein flüssiger Teig haften. Kresse vom Beet schneiden, waschen und trocken tupfen. Cupcakes etwas abkühlen lassen, mit Frischkäse bestreichen und mit Kresse bestreuen.

KÄSE-LAUCH-MUFFINS

Zutaten für 12 Stück

*100 g Hartkäse (z. B. Emmentaler), ½ Apfel, 120 g Lauch,
150 g Butter, 6 EL Milch, 1 Ei, 1 TL Oregano, Salz,
frisch gemahlener Pfeffer, 250 g Mehl, 1 Pck. Backpulver*

Zubereitungszeit: *ca. 55 Min.*

1. Backofen auf 200 °C (Umluft: 180 °C) vorheizen. Mulden eines Muffinblechs mit Papierbackförmchen auslegen. 20 Gramm Käse reiben, restlichen Käse sehr klein würfeln. Apfel waschen, halbieren, vom Kerngehäuse befreien und in Würfel schneiden. Lauch waschen und in dünne Ringe schneiden.

2. 120 Gramm Butter erhitzen, schmelzen lassen und beiseitestellen. Restliche Butter erhitzen und Apfel und Lauch darin bei mittlerer Hitze unter Rühren ca. 5 Minuten anbraten.

3. Zerlassene Butter, Milch und Ei mit den Quirlen des Handrührgeräts verrühren. Oregano, Salz und Pfeffer untermischen. Käse, Apfel und Lauch unterrühren. Mehl und Backpulver vermischen und kurz untermengen.

4. Teig in die Muffinmulden füllen und geriebenen Käse darübergeben. Im vorgeheizten Backofen ca. 20–25 Minuten backen und noch lauwarm servieren.

BASILIKUM–ZIEGEN– FRISCHKÄSE–MUFFINS

Zutaten für 12 Stück

*60 g Butter und etwas Fett für die Form, 5 Stängel Basilikum,
50 g Walnusskerne, 250 g Mehl, 3 TL Backpulver, 1 Ei, 250 ml Buttermilch,
2 TL grünes Pesto, 100 g Ziegenfrischkäse*

Zubereitungszeit: *ca. 1 Std.*

1. Mulden eines Muffinblechs einfetten und Muffinblech ins Tiefkühlfach stellen. Backofen auf 180 °C (Umluft: 160 °C) vorheizen.

2. Basilikum waschen, trocken schütteln, Blättchen abzupfen und fein hacken. Walnusskerne grob hacken.

3. Mehl und Backpulver vermischen. Ei, Butter, Buttermilch, Pesto und Basilikum mit den Quirlen des Handrührgeräts gründlich verrühren. Mehlmischung und Ziegenfrischkäse unterrühren. Walnusskerne unterheben.

4. Teig gleichmäßig auf die Muffinmulden verteilen. Muffins im vorgeheizten Backofen ca. 40 Minuten backen und warm oder kalt servieren.

PAPRIKA-MAIS-MUFFINS

Zutaten für 12 Stück

80 ml Sonnenblumenöl und etwas Fett für die Form, 120 g rote Paprikaschote,
2 EL Maiskörner (Dose), 250 ml Buttermilch, 2 Eier, 300 g Mehl,
1 Pck. Backpulver, 100 g Maisgrieß, 1 TL Salz, 1 TL Paprikapulver,
100 g geriebener Käse, frisch gemahlener Pfeffer

Zubereitungszeit: *ca. 45 Min.*

1. Mulden eines Muffinblechs einfetten. Backofen auf 180 °C (Umluft: 160 °C) vorheizen. Paprikaschote waschen, entkernen und fein würfeln. Mais gut abtropfen lassen.

2. Buttermilch, Öl und Eier mit einem Schneebesen verrühren. Mehl und Backpulver mischen und mit Grieß, Salz und Paprikapulver kurz untermischen. Paprika, Mais und Käse unterheben. Mit Pfeffer abschmecken.

3. Teig gleichmäßig in die Muffinmulden füllen und Muffins im vorgeheizten Backofen ca. 25 Minuten backen. Ca. 10 Minuten im Muffinblech abkühlen lassen, aus der Form lösen und Muffins warm oder kalt servieren.

Öffnen verboten

Auch wenn es verlockend ist, während des Backens die Ofentür zu öffnen und den Duft des frischen Gebäcks zu genießen, sollte sie bis zum Schluss verschlossen bleiben. Denn wird die Tür während des Backvorgangs geöffnet, besteht die Gefahr, dass die Cupcakes in sich zusammenfallen.

TOMATEN–BASILIKUM–CUPCAKES

Zutaten für 12 Stück

50 g getrocknete Tomaten (in Öl), 5 Stängel Basilikum, 300 g Mehl, 90 ml Öl,
2 ½ TL Backpulver, 3 Eier, 1 TL Salz, 350 g Frischkäse, 50 g Parmesan, 50 g Ricotta

Zubereitungszeit: *ca. 40 Min.*

1. Backofen auf 170 °C (Umluft: 150 °C) vorheizen. Mulden eines Muffinblechs mit Papier-backförmchen auslegen. Tomaten abtropfen lassen und fein würfeln. Basilikum waschen, trocken schütteln, Blättchen abzupfen und klein schneiden.

2. Mehl, Öl, Backpulver, Eier, Salz, 100 Gramm Frischkäse, Tomaten und Basilikum verrühren. Teig in die Muffinmulden füllen und im vorgeheizten Backofen ca. 20 Minuten backen. Cupcakes abkühlen lassen.

3. Parmesan reiben. Mit restlichem Frischkäse und Ricotta gut verrühren. Creme in einen Spritzbeutel geben und auf die Cupcakes aufspritzen.

KRESSE-FETA-MUFFINS MIT PAPRIKA

Zutaten für 12 Stück

*etwas Fett für die Form, 1 Schälchen Kresse, 1 rote Paprikaschote, 100 g Feta,
250 g Mehl, 1 Pck. Backpulver, Salz, frisch gemahlener Pfeffer, 1 Ei,
90 g weiche Butter, 250 ml Buttermilch*

Zubereitungszeit: *ca. 50 Min.*

1. Mulden eines Muffinblechs einfetten und Muffinblech ins Tiefkühlfach stellen. Backofen auf 180 °C (Umluft: 160 °C) vorheizen. Kresse vom Beet schneiden, waschen und trocken tupfen. Paprikaschote waschen, entkernen und in feine Würfel schneiden. Feta ebenfalls fein würfeln.

2. Mehl mit Backpulver, 2 Prisen Salz und Pfeffer mischen. Ei, Butter, Buttermilch und Kresse mit den Quirlen des Handrührgeräts gründlich verrühren. Mehlmischung zugeben und unterrühren. Paprika und Feta sorgfältig unterheben.

3. Teig gleichmäßig in die Muffinmulden füllen. Im vorgeheizten Backofen ca. 30 Minuten backen. Im Muffinblech ca. 5 Minuten abkühlen lassen, aus den Mulden lösen und warm oder kalt servieren.

KICHERERBSEN-MUFFINS

Zutaten für 12 Stück

1 grüne Paprikaschote, 1 rote Peperoni, 1 Dose Kichererbsen (Abtropfgewicht 280 g),
100 g Schafskäse, 130 g Mehl, 2 TL Backpulver, ½ TL Natron, 120 g Maismehl,
2 Eier, 100 g Cremefine wie Crème fraîche zu verwenden (von Rama),
100 ml Pflanzencreme (z. B. von Rama), Salz, frisch gemahlener Pfeffer, 1 TL Cayennepfeffer

Zubereitungszeit: *ca. 1 Std.*

1. Backofen auf 175 °C (Umluft: 155 °C) vorheizen. Mulden eines Muffinblechs mit Papier-backförmchen auslegen. Paprikaschote und Peperoni waschen, entkernen und fein würfeln. Kichererbsen abtropfen lassen. Schafskäse würfeln.

2. Mehl, Backpulver, Natron und Maismehl mischen. Eier, Cremefine, Pflanzencreme und 100 Milliliter Wasser verrühren. Mehlmischung unterrühren, Paprika, Peperoni, Kichererbsen und Schafskäse unterheben.

3. Teig mit Salz, Pfeffer und Cayennepfeffer würzen. Gleichmäßig in Muffinmulden füllen und im vorgeheizten Backofen ca. 45 Minuten backen.

KÜRBIS-RICOTTA-MUFFINS MIT DIP

Zutaten für 12 Stück

*250 g Hokkaidokürbisfleisch, Salz, 100 g weiche Butter, 250 g Ricotta, 2 Eier,
250 g Mehl, 3 TL Backpulver, etwas frisch geriebener Muskat, frisch gemahlener Pfeffer,
50 g geriebener Käse, 15 g Kürbiskerne, 1 Bund Schnittlauch, 150 g Joghurt, Paprikapulver*

Zubereitungszeit: *ca. 1 Std.*

1. Backofen auf 180 °C (Umluft: 160 °C) vorheizen. Mulden eines Muffinblechs mit Papierbackförmchen auslegen. Kürbisfleisch würfeln und in wenig Salzwasser weich garen. In ein Sieb abgießen, abtropfen lassen und mit einer Gabel zerdrücken.

2. Butter mit den Schneebesen des Handrührgeräts cremig rühren. 150 Gramm Ricotta, Eier und Kürbismus zugeben und kurz unterrühren. Mehl, Backpulver, Muskat, ½ Teelöffel Salz und Pfeffer vermischen und zusammen mit dem Käse unterrühren.

3. Teig in die Muffinmulden füllen und Kürbiskerne darüberstreuen. Im vorgeheizten Backofen ca. 20 Minuten backen.

4. Schnittlauch waschen, trocken schütteln und in kleine Ringe schneiden. Restlichen Ricotta mit Joghurt verrühren. Mit Paprikapulver und Pfeffer abschmecken. Schnittlauch untermischen.

5. Muffins aus dem Backofen nehmen, kurz im Muffinblech abkühlen lassen, aus den Muffinmulden lösen und warm oder kalt servieren. Schnittlauch-Dip dazu reichen.

HERZHAFTE SPAGHETTI-MUFFINS

Zutaten für 12 Stück

200 g Spaghetti, Salz, 60 g Frühlingszwiebeln, 150 g Möhren,
1 EL Butter und etwas Fett für die Form, 60 g Speckwürfel, 5 Eier, 250 g Sahne,
frisch gemahlener Pfeffer, 2 TL Oregano, 50 g geriebener Käse

Zubereitungszeit: *ca. 1 Std.*

1. Spaghetti nach Packungsangabe in ausreichend Salzwasser bissfest garen, in ein Sieb abgießen und gut abtropfen lassen. Frühlingszwiebeln waschen und in feine Ringe schneiden. Möhren schälen und fein würfeln. Butter erhitzen und Speck sowie Möhren darin andünsten. Frühlingszwiebeln zugeben und kurz mitdünsten. Spaghetti mit Gemüse-Speck-Mischung vermengen und kurz mitbraten.

2. Backofen auf 200 °C (Umluft: 180 °C) vorheizen. Mulden eines Muffinblechs einfetten. Spaghetti portionsweise mit einer Gabel aufrollen und als Nester in die Muffinmulden setzen. Gemüse-Speck-Masse darauf verteilen.

3. Eier mit Sahne verrühren. Mit Salz, Pfeffer und Oregano kräftig würzen. Mischung gleichmäßig über die Spaghettimischung geben und mit Käse bestreuen.

4. Muffins im vorgeheizten Backofen ca. 20 Minuten backen. Aus dem Ofen nehmen und ca. 5 Minuten im Muffinblech abkühlen lassen. Aus den Muffinmulden lösen und warm servieren.

SCHINKEN–CUPCAKES

Zutaten für 12 Stück

1 Knoblauchzehe, 1 Zwiebel, 125 g Schinkenwürfel, 150 g geriebener Käse,
180 g Mehl, 1 Pck. Backpulver, Salz, frisch gemahlener Pfeffer,
½ TL Paprikapulver, 2 Eier, 60 g Butter, 150 g Naturjoghurt, 175 g Frischkäse,
200 g Crème fraîche, 4 Scheiben Frühstücksspeck

Zubereitungszeit: *ca. 1 Std.*

1. Backofen auf 180 °C (Umluft: 160 °C) vorheizen. Mulden eines Muffinblechs mit Papierbackförmchen auslegen. Knoblauch und Zwiebel schälen und in kleine Würfel schneiden.

2. Knoblauch, Zwiebel, Schinkenwürfel, Käse, Mehl, Backpulver, 1 Prise Salz, Pfeffer und Paprikapulver mischen. Eier, Butter und Joghurt ebenfalls vermischen. Beide Mischungen verrühren.

3. Teig in die Muffinmulden füllen und im vorgeheizten Backofen ca. 35 Minuten backen. Abkühlen lassen.

4. Frischkäse und Crème fraîche verrühren. Creme in einen Spritzbeutel geben und auf die Cupcakes spritzen. Vor dem Servieren Frühstücksspeck ohne Fettzugabe kross anbraten und auf den Cupcakes verteilen.

ZUCCHINI-MUFFINS

Zutaten für 12 Stück

*1 Knoblauchzehe, 200 g Zucchini, 100 g Butter,
200 g Kräuterfrischkäse, 2 Eier, 250 g Mehl, 3 TL Backpulver,
½ TL Salz, frisch gemahlener Pfeffer, 40 g geriebener Käse*

Zubereitungszeit: *ca. 45 Min.*

1. Backofen auf 180 °C (Umluft: 160 °C) vorheizen. Mulden eines Muffinblechs mit Papier-backförmchen auslegen. Knoblauch schälen und fein hacken. Zucchini waschen, grob raspeln und leicht ausdrücken.

2. Butter mit den Quirlen des Handrührgeräts cremig rühren. Kräuterfrischkäse und Eier zugeben und kurz untermischen. Mehl, Backpulver, Salz und Pfeffer mischen und mit Zucchini und Knoblauch unterrühren.

3. Teig gleichmäßig in die Muffinmulden verteilen und Käse daraufstreuen. Im vorgeheizten Backofen ca. 25 Minuten backen.

TOMATEN-MOZZARELLA-CUPCAKES

Zutaten für 12 Stück

120 g Mozzarella, 130 g Tomaten, 160 ml Milch, 80 ml Öl, 3 Eier,
Salz, 40 g geriebener Parmesan, 160 g Mehl, 3 TL Backpulver, 3 Avocados,
450 g Frischkäse, frisch gemahlener Pfeffer, 1 TL Cayennepfeffer, Saft von 1 Zitrone

Zubereitungszeit: *ca. 55 Min.*

1. Backofen auf 180 °C (Umluft: 160 °C) vorheizen. Mulden eines Muffinblechs mit Papierbackförmchen auslegen. Mozzarella in kleine Würfel schneiden. Tomaten waschen, vom Stielansatz befreien und in kleine Würfel schneiden.

2. Milch, Öl, Eier, Salz und Parmesan mit dem Handrührgerät verrühren. Mehl und Backpulver zufügen. Mozzarella und Tomaten unterrühren.

3. Teig gleichmäßig auf die Muffinmulden verteilen und im vorgeheizten Backofen ca. 35 Minuten backen.

4. Avocados schälen, entkernen und fein pürieren. Mit Frischkäse, 1 Teelöffel Salz, Pfeffer, Cayennepfeffer und Zitronensaft verrühren. Creme in einen Spritzbeutel mit Sterntülle geben und auf die Cupcakes auftragen.

Weniger ist mehr

Während Muffins schon einmal größere Dimensionen erreichen können, sollten Cupcakes etwas kleiner und handlicher sein. Geben Sie daher nie zu große Teigmengen in die Förmchen. Zwei bis drei Esslöffel sind in der Regel ein gutes Maß.

MUFFINS MIT SCHINKEN UND KÄSE

Zutaten für 12 Stück

etwas Fett für die Form, 1 Bund Schnittlauch, 100 g Kochschinken,
75 g Margarine (z. B. Sanella), 2 Eier, 250 g Mehl, 2 TL Backpulver,
1 TL Salz, 1 Msp. Cayennepfeffer, 125 ml Milch, 100 g geriebener Käse

Zubereitungszeit: *ca. 45 Min.*

1. Backofen auf 200 °C (Umluft: 180 °C) vorheizen. Mulden eines Muffinblechs einfetten. Schnittlauch waschen, trocken schütteln und in Ringe schneiden. Schinken in Würfel schneiden.

2. Margarine und Eier mit den Quirlen des Handrührgeräts verrühren. Mehl, Backpulver, Salz und Cayennepfeffer vermischen und im Wechsel mit der Milch unterrühren. Schnittlauch, Schinken und Käse unterheben.

3. Teig in die Muffinmulden füllen und im vorgeheizten Backofen ca. 15 Minuten backen. Stäbchenprobe machen, am Holzstäbchen darf kein flüssiger Teig haften bleiben. Muffins etwas abkühlen lassen und genießen.

AVOCADO-MUFFINS

Zutaten für 12 Stück

*100 g Avocadofruchtfleisch, 1–2 TL Zitronensaft, Salz, frisch gemahlener Pfeffer,
1 Knoblauchzehe, 5 Frühlingszwiebeln, 250 g Mehl, 3 TL Backpulver,
100 g weiche Butter, 200 ml Buttermilch, 1 Ei, 50 g geriebener Parmesan*

Zubereitungszeit: *ca. 45 Min.*

1. Backofen auf 180 °C (Umluft: 160 °C) vorheizen. Mulden eines Muffinblechs mit Papier-backförmchen auslegen. Avocadofruchtfleisch fein würfeln, mit Zitronensaft beträufeln, salzen und pfeffern. Knoblauch schälen, klein schneiden und untermischen.

2. Frühlingszwiebeln waschen und in Ringe schneiden. Mehl, Backpulver, ½ Teelöffel Salz und Frühlingszwiebeln mischen. Butter, Buttermilch, Ei und Parmesan verrühren. Avocado und Mehlmischung zugeben und alles so lange verrühren, bis die trockenen Zutaten Feuchtig-keit angenommen haben.

3. Teig gleichmäßig auf die Muffinmulden verteilen. Im vorgeheizten Backofen ca. 25 Minu-ten backen.

WALNUSS-MUFFINS MIT ROQUEFORT

Zutaten für 12 Stück

*125 g Walnusskerne, 150 g Roquefort, 100 g Butter, 250 g Mehl,
1 Pck. Backpulver, 1 TL Salz, frisch gemahlener Pfeffer, 2 Eier, 200 ml Milch,
2 EL Walnussöl, 75 g geriebener Käse*

Zubereitungszeit: *ca. 35 Min.*

1. Backofen auf 200 °C (Umluft: 180 °C) vorheizen. Mulden eines Muffinblechs mit Papierbackförmchen auslegen. Walnüsse hacken. Roquefort klein schneiden.

2. Butter erhitzen und schmelzen lassen. Mehl, Backpulver, Salz und Pfeffer vermischen. Eier, Milch, Öl und geschmolzene Butter verrühren und unter die Mehlmischung rühren. Geriebenen Käse, Roquefort und Walnüsse unterheben.

3. Teig gleichmäßig auf die Muffinmulden verteilen, im vorgeheizten Backofen ca. 20 Minuten backen und Muffins noch lauwarm servieren.

SPINAT-FETA-CUPCAKES

Zutaten für 12 Stück

*250 g Spinat (TK-Produkt), 100 g Feta, 300 g Mehl, 1 TL Backpulver,
260 ml Milch, 100 ml Öl, 2 Eier, 2 TL Zucker, 1 TL Salz, 3 Cocktailtomaten,
Petersilienblättchen, 200 g Kräuterfrischkäse*

Zubereitungszeit: *ca. 45 Min.*

1. Backofen auf 180 °C (Umluft: 160 °C) vorheizen. Mulden eines Muffinblechs mit Papierbackförmchen auslegen.

2. Spinat in einem Sieb auftauen lassen und gut ausdrücken. Feta fein würfeln. Mehl, Backpulver, 200 Milliliter Milch, Öl, Eier, Zucker und Salz glatt rühren. Spinat und Feta zufügen und alles verrühren.

3. Teig gleichmäßig in die Muffinmulden verteilen. Im vorgeheizten Backofen ca. 20–25 Minuten backen. Abkühlen lassen.

4. Tomaten waschen und vierteln. Petersilie waschen und trocken tupfen. Frischkäse und restliche Milch glatt rühren und in einen Spritzbeutel mit Sterntülle geben. Cupcakes mit der Creme verzieren und mit Tomaten und Petersilie garniert servieren.

REZEPTREGISTER

Bildnachweis

Impressum